KAGOME カゴメの人事改革

戦略人事とサステナブル人事による人的資本経営

カゴメ株式会社 常務執行役員CHO（最高人事責任者）
有沢正人・
法政大学教授
石山恒貴
著

中央経済社

はじめに

繰り返される歴史

日本の人事にまつわる言説は、流行に彩られてきた。ある日突然、危機が叫ばれ、切迫した改革の必要性が示される。日本の人事は世界標準から逸脱していて、一刻も早く手を打たなければいけない、というわけだ。多くの企業がその改革に取り組む。しかし、しばらくすると疑問の声があがる。取り組んでみたが、効果がよくわからない。それどころか、むしろ副作用が大きかった。

そこで次の流行が起こる。安易に欧米型の仕組みを導入することは良くない。むしろ、日本の人事の良さを再認識すべきだ。こうして、取り入れた改革の見直しに多くの企業が取り組む。そしてしばらく時間が経過し、ほとぼりがさめると、また時代遅れだと決めつけられた日本の人事に関する危機が叫ばれる。残念ながら、昨今の表層的なジョブ型人事制度導入という議論は、この歴史の繰り返しそのものにぴったり当てはまっている。

筆者（石山）は研究者となる以前に、１９８８年から25年間、３社で人事業務を担当してきた。その間、こうした流行の移り変わりを幾度となく経験してきた。その流行と自社で求められる施策との食い違いには、しばしば違和感を覚えていたものだ。

人的資本（human capital）経営への注目

しかし、今こそ、歴史の繰り返しのループから抜け出すときだろう。第1章で詳細を述べるが、人的資本経営への注目がかつてなく高まっている。その理由は2つある。

第1の理由は、２０２０年9月に公開されたいわゆる人材版伊藤レポート[1]が指摘するように、企業の価値向上には数値として明確に示せる有形資本だけではなく、無形資本としての人（つまり人的資本）が大きな役割を果たしている、という考え方によるものだ。東京証券取引所が示すコーポレートガバナンス・コード（企業統治原則）の補充原則３－１③[2]においても、人的資本を経営戦略・経営課題と整合させていく必要性が指摘されている。

第２の理由は、国際標準化機構（International Organization for Standardization）によりISO30414[3]が定められた背景にあるように、地球環境と社会の持続可能性、つまりサステナビリティを重視するというグローバルな潮流にある。地球環境と社会の持続可能性を実現するためには企業の役割は大きい。そうなるとそもそも企業とは、短期的な株主だけへの貢献を重視する存在なのか、その構成員である人材を尊重する存在なのか、という問いを避けることはできない。

こうした2つの理由から、企業価値において有形資産だけでなく、無形資産、そのうちとりわけ人的資本が注目されるようになったのである。その注目により、人的資本経営という考え方が一般化することになった。

人事部門は経営に貢献できるのか

人的資本を企業経営に結びつけ、人材を重視し、尊重する。その原則に異を唱える者は少ないだろう。しかし、事は簡単ではない。実際、人事担当者であった当時、筆者は人事施策が経営の役に立つという実感を得ることは、なかなかできなかった。たとえば、労務問題や企業防衛などの観点で経営陣及び現場と密接に連携したことはあっても、それ以外の日常の状況で、共通の目的に向かって一緒に努力したと感じられる経験はわずかなものだった。もちろん、それは筆者個人の人事担当者としての限界であった。

ただし経営陣にも現場にも、切実に人事部門と協働しようという必要性が存在していなかった、という側面もあるのではないだろうか。それどころか人事部門といえば、敬して遠ざける、という対応が結構多いとすら思える。業務上やむを得ない必要性があれば付き合うが、そうでなければ、なるべく関わり合いたくない存在と思われてしまっていたのかもしれない。実は洋の東西を問わず、こうした実態はあるらしい。欧米でも「人事担当者は同僚に尊敬されることもなく、邪魔者扱いされがちだ。会社の中の警察官で、社内の人に面倒なことを言うのがその役割だと思われている」[4]、あるいは「人事プロフェッショナルと利害関係者はこれまで別々の世界に住んでいることが多かった」[5]などとすら評されることがある。人事部門と企業の他の部門の間に壁が存在するのは、世界的な現象なのかもしれない。

人的資本経営を実現する道筋は不透明

人的資本経営を実現するために、人材版伊藤レポートでは人材戦略を企業価値向上に結びつける重要性を幾度となく強調している。人材育成を研究する立場の者からすれば、まさに我が意を得たり、という指摘である。そして、そのためには、ＣＨＲＯ（chief human resource officer: 最高人事責任者）が経営陣の中で、リーダーシップを発揮していくべきだとされている（ＣＨＲＯはＣＨＯと表記される場合もあるが、本書では、該当企業がＣＨＯという呼称を使用している場合を除き、ＣＨＲＯという表記に統一して記載する）。

ＣＨＲＯが重要だという指摘も、もっともだ。ただし、形だけＣＨＲＯを任命するのは簡単だが、その役割が十分に発揮されることは容易ではないし、その道筋が不透明である、ということが課題だろう。先に述べたとおり、人事施策が経営に役立つものとみなされず、人事部門と企業の他の部門の間に壁が存在するのであれば、ＣＨＲＯの任命だけで人的資本経営が実現するわけがないことは、火を見るよりも明らかだ。

人的資本経営の議論の課題は、その具体的な実現の道筋が不透明なことにあるだろう。

戦略人事とサステナブル人事で人的資本経営を実現

筆者は人的資本経営を実現するには、戦略人事とサステナブル人事の両立を目指すＣＨＲＯの存在が必須であると考えている。戦略人事とは端的にいえば「人事施策を通じて、その企業で働く人々の独自性に富む付加価値を創造し、企業の競争優位を構築すること」である。他方、サステナブル人事とは「企業が目指す目標を利益だけに限定せず、その活動を通じて、地球環境、働く人々、さまざまなコミュニティに良い影響をもたらすための人事のあり方」を意味している。どちらかといえば、戦略人事は経営陣と人事部門が協働しつつ、人事施策を戦略に役立てる。他方、サステナブル人事では、現場と人事部門が協働して、企業で働く人々の幸福を人事施策で実現する。第1章で述べるように、戦略人事とサステナブル人事を両立させることは難しいのだが、それ以前に、それぞれを単体で実現すること自体が難しい。人事施策とは「法的な問題などに適切に対処し、給与や人事制度を運営することで、働く人々を管理すること」と経営陣と現場が考えてしまえば、それ以上は人事施策に関心を持たなくなる。結果として人事部門と他の部門の間には壁があるという状況は変わらず、「人事担当者は会社の中の警察官」[6]になってしまう。

そこで、戦略人事とサステナブル人事の両立を可能とする、能力と意欲と胆力を有するＣＨＲ

Oの存在が必須となる。

人的資本経営を実現できるＣＨＲＯは幻ではない

だが、そんな超人のようなＣＨＲＯは存在するのだろうか。そうしたＣＨＲＯが幻だとすれば、人的資本経営も絵に描いた餅ではないだろうか。

実際のところ、正直に告白すれば、25年間の人事担当者としてのキャリアの中で、筆者は戦略人事とサステナブル人事を実現することができなかったと思う。戦略人事とサステナブル人事を目指したいという志はあった。また、具体的にどのような姿を目指すのかというアイディアもあった。しかし、実際に戦略人事を進めようとすると「人事は数字を知らないから」「人事は事業を知らないから」という言葉を投げかけられる。

あるいはサステナブル人事を目指そうとすると、「いつまで青臭いことを考えているのか」「そんな甘い考えが経営にどう役立つのか」と酷評される。それどころか、現場からは「人事がそんなこと言うなんて、なにか裏があるんでしょう」と悪だくみをしているのではないかと疑われる。

一言で言えば、筆者には気持ちだけはあっても、他者を巻き込む力が足りなかったということだ。しかし、それでも戦略人事とサステナブル人事の両立が幻ではないという確信を得たのは、本書の共著者である有沢正人氏に出会った時だった。有沢氏は豪放磊落にして繊細な気配りを行い、戦略家にして趣味人である。そのような多面性を持つ魅力ある人物だからこそ、カゴメ株式会社（以下、カゴメ）の「生き方改革」を成し遂げることができたのではないだろうか。この「生き方改革」こそ、戦略人事とサステナブル人事が高度に両立していたものだった。有沢氏の魅力と同時に、カゴメの企業文化がうまく噛み合ったことで、生き方改革は進展していった。現実に、戦略人事とサステナブル人事を両立させ、人的資本経営を実現するＣＨＲＯは存在したのである。

どんな企業でも、原則を理解すれば、人的資本経営は実現可能

しかし、ここでさらに読者は疑問を持つかもしれない。そもそも、有沢氏のようなＣＨＲＯこそが、例外中の例外ではないか。さらに、有沢氏のような傑出した人物とカゴメのような希有な企業文化が存在しなければ、戦略人事とサステナブル人事は実現しないのではないか。結局、戦略人事とサステナブル人事は、多くの企業にとって幻なのだ、と。

たとえば企業経営について、評判のよい講演があるとする。しかし、その聴講者から「素晴らしい講演で感動したが、うちの会社ではできない。○○だからできることだよね」という本音の感想を聞くことが、しばしばある。せっかくの講演が、なぜ活かされないのか。

それは良い事例や講演などの、Ｈｏｗ（施策をどうやってやるか）に注目してしまうからでは

ないだろうか。ある組織や企業のＨｏｗは、その外部環境、内部環境によって決定されていくものであり、それをそのまま他の組織や企業へ移植できるものではない。それこそ、「うちの会社ではできない」ということになってしまう。注目すべきはＷｈａｔ（施策で何を実現しているのか＝施策の意味）とＷｈｙ（なぜその施策を実施したのか＝施策の意義）ではないだろうか。施策の意義と意味は参考にすることができ、その意義と意味を実現することに適した各社のＨｏｗは、それぞれ異なるものが存在するはずだ。

そう考えると、実は有沢氏とカゴメのＷｈａｔとＷｈｙは、単純明快であり、奇をてらったものではないことがわかる。また、その単純明快さには、いくつかの原則があることもわかる。その原則を理解することができれば、どのような組織や企業であっても、それぞれの状況に適した形で応用していくことが可能ではないだろうか。

筆者自身、その原則をもっと早く知っておけばと思うが、その悔しさがあるからこそ、有沢氏とカゴメのＷｈａｔとＷｈｙの原則を、できるだけ多くの方々に知っていただきたいと考える。本書ではＷｈａｔとＷｈｙの原則によって、戦略人事とサステナブル人事を両立し、人的資本経営を実現するＣＨＲＯを、多くの企業で再現可能な姿として示していきたい。そうすれば、人的資本経営を実現する具体的な道筋も見えてくるだろう。

本書の構成

本書の構成であるが、第1章で石山が戦略人事とサステナブル人事の概要について述べる。第2章から第6章までは有沢氏が担当する。第2章はカゴメの人事改革に至るまでの有沢氏のキャリア、第3章から第6章ではカゴメの人事改革の詳細が説明される。その内容をうけ、第7章と第8章は再び石山が担当する。カゴメの人事改革を他社でも実行できるための一般化した要素として、第7章はＣＨＲＯの経験と能力、第8章は人事改革の原則について述べる。

目　次

第2章　有沢哲学が生まれるまで —— 37

第3章　カゴメの人事改革の背景――77

第6章　コーポレートガバナンス・コードを人事改革に活かす――143

第1章

戦略人事とサステナブル人事

カゴメ株式会社提供

1　効率性と管理の重視から、自律性、創造性、選択肢の重視へ

コロナ禍は大きな災厄であったが、人事施策のあり方を考えるうえで、重要なきっかけになった。ただしコロナ禍が突然生じ、今までにない変化を生んだという見方があるが、そうとは限らないだろう。コロナ禍以前に、トーマス・フリードマンは『遅刻してくれてありがとう』[7]という著書で、環境変化の速度が既に人類の適応力を超えたと警鐘を鳴らしていた。環境変化が加速した一番の理由は、「ムーアの法則」と呼ばれる、1964年以来続く半導体集積回路の継続的かつ飛躍的な性能向上である。マイクロチップの性能向上により、クラウドコンピューティング（インターネット上で、さまざまなアプリケーションが利用できる仕組み）が当たり前のことになり、予想もできなかったようなデジタル技術が次々と現実化している。それと同時にフリードマンは母なる自然、地球環境の変化も人類の適応力を超えたとしている。その主たる内容は温暖化であるが、コロナ禍のようなパンデミック（感染症の世界的大流行）も地球環境の変化のひとつに数えることができよう。

つまりコロナ禍のような災厄は突発的な現象ではなく、同様なことは今後も継続的に起こる可

能性がある。こうした変化・不確実性への対応は織り込んでおくべきだろう。京都大学の広井良典教授はコロナ禍以前に、日本は「東京集中で時間軸優位の拡大・成長と効率重視」の時代から「地域志向で空間軸優位の持続性と主観的幸福重視」の時代へと移行しつつあると述べていた。[8]まさにコロナ禍はこの主張を裏づけたといえる。２０２０年5月の日本経済新聞の朝刊で広井教授は、コロナ禍によって都市などへの過度な集中システムの脆弱さが明らかになり、今後はいかに社会に分散型システムを取り入れるかということが重要だと指摘している。[9]

企業経営とグレート・リセット

ここまで述べたように、我々は社会の転換点を目撃しているのであり、コロナ禍とはその動きを顕在化させた現象であった。世界的にも社会の転換点の到来が議論になっている。その象徴としての言葉が「グレート・リセット」だ。２０２０年の世界経済フォーラム（ＷＥＦ）年次総会（ダボス会議）のテーマは、「ステークホルダー（利害関係者）がつくる持続可能で結束した世界」であった。ここで議論されたことは、株主至上主義、短期的利益至上主義の資本主義の限界である。そして、その根底の考え方が変わらない限り、どのような対策を取ろうともそれは弥縫策（一時逃れの取り繕い）に過ぎず、格差の拡大は止まらないということであった。「われわれの知っている資本主義は死んだ」という発言もあったほどだ。コロナ禍は企業が利益だけを重視するのか、ステークホルダーをバランス良く重視するのかという姿勢のリトマス試験紙になっている。[10] この考えを一歩進めた考え方が「グレート・リセット」である。我々は歴史の分岐点にいるのであり、今後の社会は人々の幸福を中心に据えていくことになるだろう。[11]

自律性、創造性、選択肢の重視という方針を有する企業

パタゴニアの創業者のイヴォン・シュイナードは、社員がサーファーなら、いい波が来たらサーフィンに行けるように、社員がスキーヤーならパウダースノーが降った時にスキーができるように、仕事時間は柔軟にして、仕事と遊びと家族の境目は曖昧にする「社員をサーフィンに行かせる」フレックスタイム制度を導入していた。それは社員が「階段を1段飛ばしで駆け上がってしまうほどわくわくしながら出社できる」ため、つまり社員が毎日わくわくして仕事を楽しめるようにするためであった。上司のいうとおりにだけ仕事をする職場は窮屈で、画一的だ。そのような性悪説ではなく、社員を心から信頼し、その自律に任せることがパタゴニアの方針なのだ。[12]

ここまで述べてきた社会の方向性は、効率性と管理の重視から、自律性、創造性、選択肢の重視への変化であった。それは理想的で幻のように思えるが、パタゴニアのように、もともとそれらを方針として大切にしていた企業もあった。その方針に沿って企業を運営するためには、社員を信頼することが欠かせないだろう。それは社員がわくわくする毎日を過ごすこと、すなわち幸

福の重視でもあろう。ただ、それを実現することは容易でないことも明らかだ。そこで、戦略人事とサステナブル人事の高度な両立が必要となってくる。また人的資本経営が注目されることとなってきたのである。

2　人的資本経営が求められる背景

先に述べたとおり、昨今、人的資本経営への注目が集まっている。ただ、人的資本という言葉自体は目新しいものではない。もともと労働経済学などで、企業における人の価値を説明するために使用されていた学術用語である。しかし、人的資本の開示を企業に要請する動きが欧米で高まり、注目されることとなった。人的資本経営が求められる背景を理解するために、ISO30414、人材版伊藤レポート、コーポレートガバナンス・コードについて順に述べていきたい。

ISO30414

ISO30414とは、２０１８年に国際標準化機構が定めた人的資本の透明性を示す基準である。

11の人的資本のコア領域として、コンプライアンスと倫理（compliance and ethics）、コスト（costs）、多様性（diversity）、リーダーシップ（leadership）、組織文化（organizational culture）、組織の健康・安全・ウェルビーイング（organizational health, safety and well-being）、生産性（productivity）、採用・異動・離職率（recruitment, mobility and turnover）、サクセッションプラン（succession planning）、スキルと能力（skills and capabilities）、労働力の活用（workforce availability）が示されている。非常に幅広い内容であり、企業としてはこの11項目をどのように開示していくべきか悩む場合も多いという。

なぜこのように広い領域が、ISO30414の対象領域なのであろうか。その背景には、先に述べた「グレート・リセット」と整合した考え方があるだろう。「グレート・リセット」は、ステークホルダー資本主義と言い換えることもできる。

ステークホルダー資本主義では、短期的な株主利益だけを重視する資本主義の考え方を見直す。その結果、顧客、従業員、取引先、地域などすべてのステークホルダーがバランスよく重視、尊重される。すべてのステークホルダーを重視、尊重する考え方に基づけば、企業が人材に対しどのような姿勢を有しているのかについて開示することが欠かせない。広い領域で人材に対して、その持続可能性が担保されていることが明らかになれば、ステークホルダー資本主義の流れの中では、投資家からも評価される。ISO30414にはこうした背景があり、サステナブル人事とも親和性が高い考え方なのである。

人材版伊藤レポート

先に述べたとおり、人的資本経営の重要性を訴える人材版伊藤レポートは大きな反響を呼び、日本での人的資本への注目を決定的に高めた。ISO30414と同様に、人材版伊藤レポートにおいてもＥＳＧ（環境：Environment、社会：Social、ガバナンス：Governance）要因という外部環境があるからこそ、企業の持続可能性が重要だという視点がある。ただしより明確に、人的資本が企業の競争優位とイノベーションの源泉であるからこそ、企業の価値を向上させることができるという視点がある。つまり、人的資本と経営戦略の連結に重きが置かれ、戦略人事との親和性が高いと考えることができる。

具体的に、人材版伊藤レポートでは「人的資本・価値創造」「人材戦略」「経営陣／取締役会」「積極的対話」「個の自律・活性化」「選び、選ばれる関係」という6つの方向性が指針として示されている。先に述べたとおり、「人材戦略」「経営陣／取締役会」においては、経営に資する人材戦略を実現するために、ＣＨＲＯが経営陣の中でリーダーシップを発揮する重要性が強調されている。

「積極的対話」には、ＣＨＲＯによる従業員や投資家への積極的な発信・対話が含まれる。従来も、CHROが従業員と積極的に対話することは必要なこととされていた。しかし、CHROが投資家へ積極的に発信・対話することは、新たに示された重要な視点だろう。これは社内に限定された閉鎖的な存在としての人事部門のイメージを打ち破るものだ。しかし経営陣を引っ張る存在なら、当然の役割だろう。

「個の自律・活性化」「選び、選ばれる関係」では社内に閉じられた形での日本型の雇用慣行が批判され、多様性があり開放的な雇用コミュニティを形成することが提案されている。そのためには、個人がキャリアオーナーシップを持つ重要性が指摘されている。戦略人事とサステナブル人事に共通して、個人のキャリア自律の存在は欠かせないと考えられるが、それと共通した議論であろう。

人材版伊藤レポート2.0

さらに2022年5月には、人材版伊藤レポート2.0[13]が取りまとめられ発表された。ここでは前回のレポートで示されていた、人的資本経営の枠組みを実践するための具体的なアイディアが幅広く示されている。

そのアイディアは主に、「経営戦略と人材戦略の連動」「企業文化の定着」「動的な人材ポートフォリオ」「ダイバーシティ&インクルージョン」「リスキル」「社員エンゲージメントの向上」

「時間や場所にとらわれない働き方」という項目に分類されている。

戦略人事とサステナブル人事は有機的に連動しているので、施策を明確に分類することはできない。しかしあえて分類すれば、「経営戦略と人材戦略の連動」「企業文化の定着」「動的な人材ポートフォリオ」は戦略人事、「ダイバーシティ&インクルージョン」「リスキル」「社員エンゲージメントの向上」「時間や場所にとらわれない働き方」はサステナブル人事と分類することができるだろう。

おりしも、２０２２年夏に政府が発表するとされている人的資本の開示対象の19項目が、やはり２０２２年5月に新聞報道された[14]。その19項目とは、人材育成（リーダーシップ、育成、スキル、エンゲージメント、採用、人材維持、後継者計画）、多様性（多様性、非差別、育児休業）、健康安全（安全、身体的健康、精神的健康）、労働慣行（労働慣行、児童・強制労働、賃金の公正性、福利厚生、組合との関係、コンプラ）である。これもあえて分類すれば、「人材育成」は戦略人事、「多様性」「健康安全」「労働慣行」はサステナブル人事と分類することができるだろう。

つまり、人的資本経営において目指すべき内容が、戦略人事とサステナブル人事であることは明確に示されつつある。そして人材版伊藤レポート2.0で、その実現を果たすために最重要の役割として位置づけられている存在が、ＣＨＲＯである。同レポートでは、ＣＨＲＯの実現すべき状態のアイディアも詳しく述べられている。

ただし依然として、次の内容は、まだ不明確だろう。そうした重要なＣＨＲＯはどのような資質を有し、どう育成されるのか。あるいは、実践事例に示された豊富なアイディアを、人的資本経営に取り組み始めた企業で、どのような段取りで実現していけばいいのか。本書は、まさにこれらのメカニズムを明らかにすることを目的にしている。

コーポレートガバナンス・コード

コーポレートガバナンス・コードは、２０１５年に金融庁と東京証券取引所で原案が策定され、東京証券取引所においてとりまとめられている企業統治の原則・指針である。[15] 先に述べたとおり、補充原則３－１③では、経営戦略・経営課題と人的資本の連結の重要性が示されている。また補充原則４－11①では、取締役のスキル・マトリックス（取締役の有するスキル等の組み合わせ）の作成・開示が求められている。これらでは、人的資本を経営に資するものにすべきという観点、すなわち戦略人事の視点が示されている。

加えて原則２－３では、「社会・環境問題をはじめとするサスティナビリティを巡る課題」が示されており、地球環境問題、人権、従業員、取引先、自然災害等への危機管理などへの対応に企業は目配りしなければならない。つまりは、サステナブル人事の視点が示されている。

このようにコーポレートガバナンス・コードでは、戦略人事とサステナブル人事を両立させることが、企業統治として明確に求められているといえよう。

人的資源と人的資本

ひとつ留意しておきたいのは、人的資源と人的資本という用語の差である。人材版伊藤レポートでは、「人的資源」という表現は人をコストとみなし、マネジメントの方向性は管理的であると主張している。他方、「人的資本」という表現であれば、マネジメントは人による価値創造へと変わっていくと主張する。

この主張は、少々偏ったものだろう。人的資源と人的資本は、前者が主に経営学、後者が主に経済学で使われるという学問領域の表現の差にすぎない。人的資源には、人を価値創造の源泉とみなすという積極的な意味がある。また、先に述べたとおり、人的資本自体、目新しい表現ではない。さらに資源にせよ、資本にせよ、企業経営上の概念にかわりはなく、資本だけが人を大切にする意味を持つわけではない。

こうした用語表現だけへの過度なこだわりは、ジョブ型人事と同様に、その用語をバズワード（一時の流行語）化させてしまう危険性がある。要するに人をコストとはみなさず、その可能性を最大限に発揮すること、また経営において人が有する価値を信じることを重視できれば、そのような用語の差異にこだわる必要はないだろう。

戦略人事とサステナブル人事の両立と人的資本

ISO30414、人材版伊藤レポート、コーポレートガバナンス・コードにおいて、戦略人事とサステナブル人事の視点があることを確認してきた。したがって、戦略人事とサステナブル人事の両立が人的資本経営に資するといっても、間違いではないだろう。そこで、戦略人事とサステナブル人事について詳しく述べることとしたい。

3　戦略人事はなぜうまくいかないのか

まずは、戦略人事とは何かについて考えていきたい。先に述べたとおり、戦略人事とは「人事施策を通じて、その企業で働く人々の独自性に富む付加価値を創造し、企業の競争優位を構築すること」だ。日本の人事部『人事白書２０２１』では、人事部門の担当者に「戦略人事は重要で

［図１－１］戦略人事は重要である

回答者：615社、637人

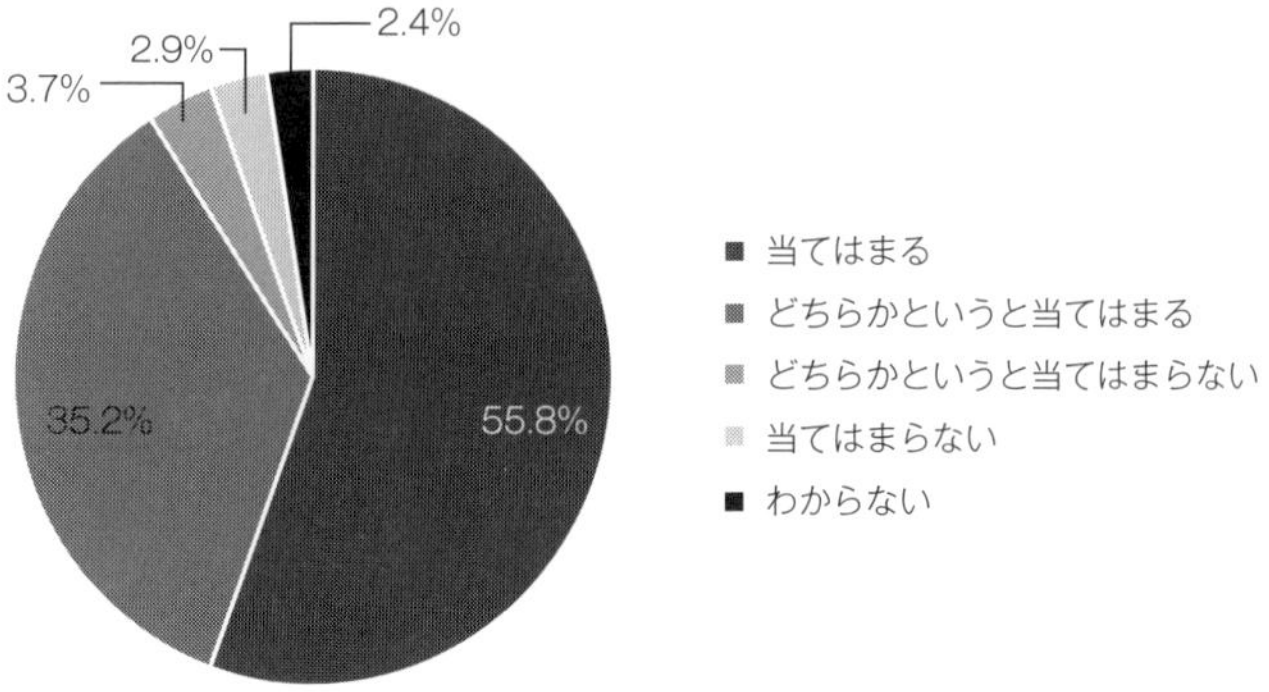

出所）日本の人事部『人事白書2021』15頁

ある」という質問を実施している。その回答としては、「当てはまる」「どちらかといえば当てはまる」という回答は91・0％という比率を占めていた（図１－１参照）。ところが、同じ人事部門の担当者に「人事部門が戦略人事として機能している」という質問を行うと、「当てはまる」「どちらかといえば当てはまる」という回答は、わずか31・３％へと減少してしまう（図１－２参照）。つまり人事部門の担当者は、戦略人事が重要と思いながらも、それが実現できていないというジレンマ（矛盾と葛藤）を抱え込んでいることになる。これは筆者が抱えていた問題意識とも重なる。そこで筆者は折に触れて、「戦略人事は実現していると思いますか」とさまざまな人事担当者の方に質問するようにしている。返ってくる答えは「戦略人事をやりたいと思うのだが、他にやるべきこと（特に管理業務）が多過ぎて

［図１－２］人事部門が戦略人事として機能している

回答者：615社、637人

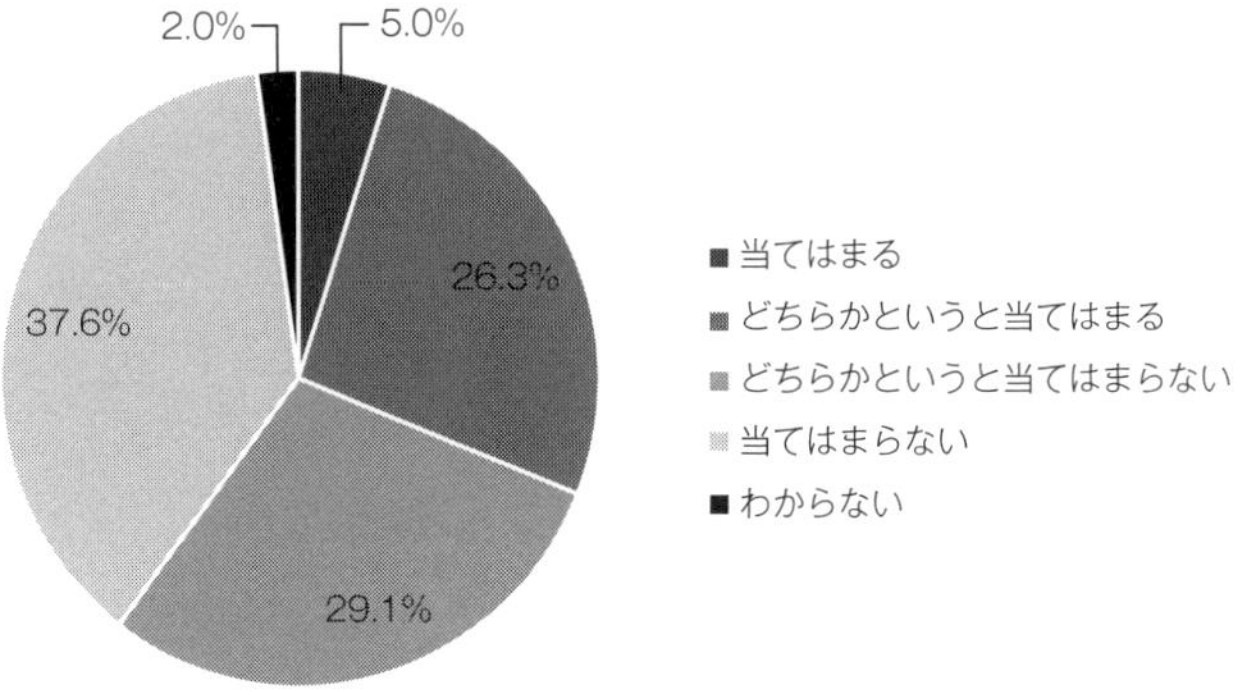

出所）日本の人事部『人事白書2021』16頁

手が回らない」「そもそも経営陣から（または、現場の事業部門から）、戦略人事を期待されていない」という内容に集約されるようだ。

これらの意見は、『人事白書２０２１』の回答とも一致している。人事部門の担当者は、「戦略人事が機能していない理由」という質問に対して、「経営陣の問題」を47・7％、「人事部の位置づけの問題」を44・0％、「人事部のリソースの問題」を43・6％という上位３つの理由を回答している（図１－３参照）。「経営陣の問題」「人事部の位置づけの問題」は「そもそも期待されていない」という内容に、「人事部のリソースの問題」は「やるべきことが多過ぎて手が回らない」という内容に一致するだろう。

［図１－３］戦略人事が機能していない理由

回答者：615社、637人

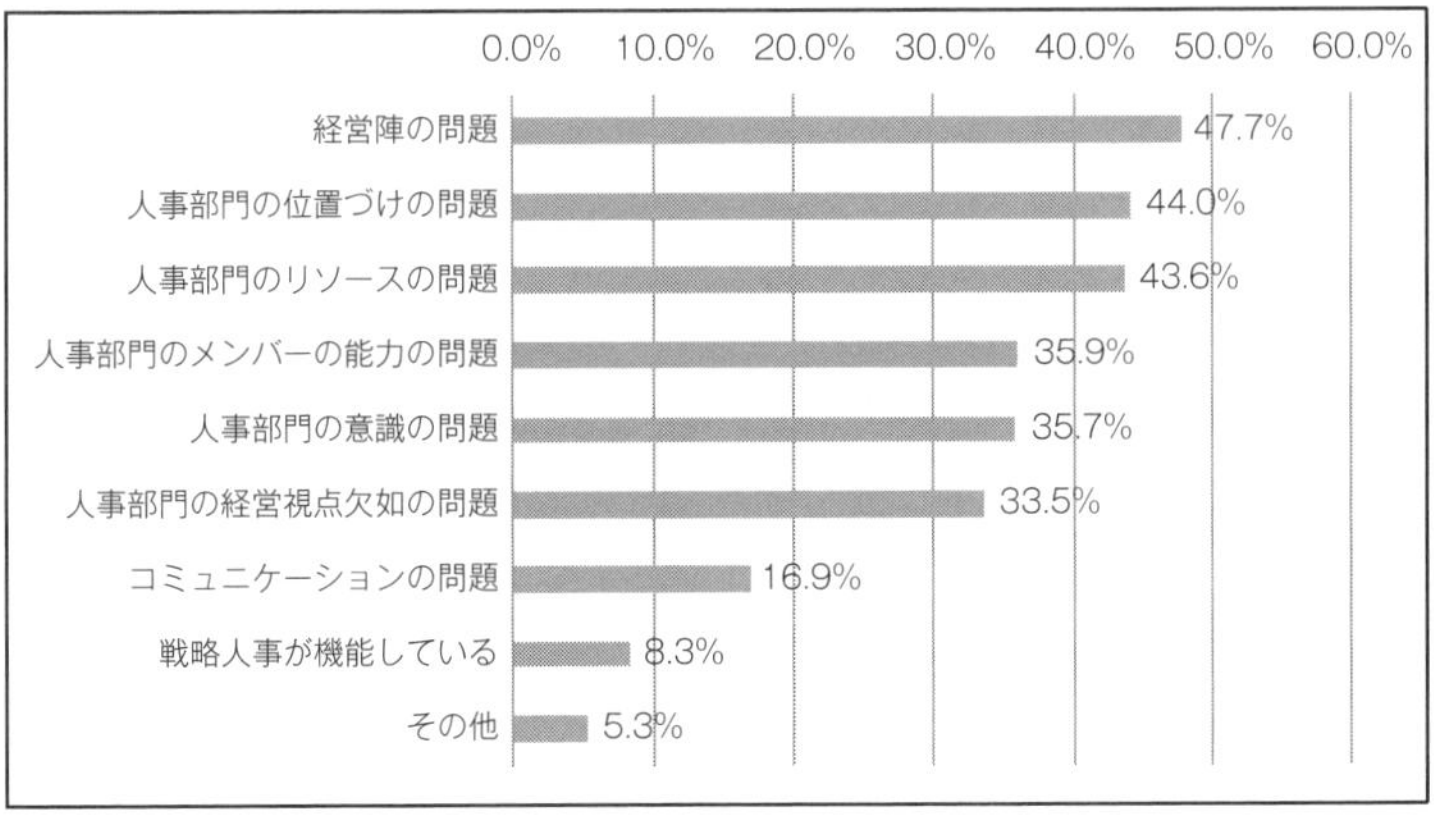

出所）日本の人事部『人事白書2021』22頁

戦略人事は幻か

そうなってくると、まさに戦略人事は幻なのかと思えてきてしまう。しかもこの問題、日本特有とも限らないようだ。戦略人事は、学術上の定義もあり、それは戦略的人的資源管理（strategic human resource management）と呼ばれる。戦略的人的資源管理の研究の目的は、「競争戦略に合致したどのような人的資源管理施策（人事施策）」を行うと「企業の業績」が向上するか、という問いを究明することにある。戦略的人的資源管理という学問領域が生じた理由は、人事施策が企業の業績に貢献しているという自らの価値を証明したいという人事担当者の悲願から生まれた、ともされている。[16] 裏を返せば、欧米でも人事部門は企業業績とは関係ない部門と思われていることが多い、ということだろう。どうやら欧米でも戦略人事の実現は簡単ではないようだ。

戦略人事の実現は、なぜかくも難しいのか。筆者はその理由は2つあると考える。第1の理由は、個別企業の独自性をつくりあげることが難しい、というものだ。戦略的人的資源管理を代表する理論に、資源ベース理論というものがある。資源ベース理論はジェイ・バーニーの登場で脚光を浴びることになった。バーニーによれば、企業の競争優位に必要なことは、価値があり、希少で、他社に模倣困難で、代替可能性が低い資源を企業の中で確立することである。[17] 資源ベース理論を戦略人事に当てはめると、価値があり、希少で、他社に模倣困難な独自性のある人材をつくりあげることで、企業の競争優位に貢献することとなる。企業単位での独自性のある人材の育成が難しいことは、ご想像のとおりである。それは他社を参考にすることはできず、短期的には実現しない。自社で時間をかけて考え抜かなければ実現しないのである。

第2の理由は、「人が競争優位につながる」ということを信じる会社が少ない、ということである。8分の1ルールというものがある。まず、2分の1の経営陣しか、人こそが競争優位の源泉であると信じない。そのうち2分の1の経営陣だけが、人を競争優位の源泉にするための施策を実際に適用する。さらにそのうち2分の1の経営陣だけが、その施策を長期的に継続する。「2分の1」×「2分の1」×「2分の1」で、実際に人を競争優位につなげる、すなわち戦略人事を実現する会社は8分の1になってしまう。[18] 8分の1ルールでは主に経営陣が注目されているが、現場と人事部門にも注目する必要がある。経営陣、現場、人事部門の３者が連携して「人が競争優位につながる」と信じないと、戦略人事は始まらないだろう。

「流行人事」と「賃金人事」

このように戦略人事の実現が難しいために、逆に「流行人事」と「賃金人事」が増えてしまう。大手前大学の平野光俊教授は、横並びの日本企業の人事施策傾向を「人事は流行に従う」と呼んでいる。２０００年前後には成果主義が流行した。しかしその後、その失敗が叫ばれ、成果主義の見直しが流行した。そして、２０２０年からはジョブ型雇用が流行している。このままだと、２０４０年にも、新しい何かが流行することになると思われる。これが「流行人事」である。

「流行人事」の本質は「賃金人事」であろう。先に述べたように、戦略人事が実現しない理由として、「経営陣の問題」「人事部門の位置づけ」があげられている。筆者はこの理由を、経営陣が人事施策を賃金（総額人件費）の管理のための施策とみなし、人事部門とはそれを実行するための部門と位置づけていることだ、と解釈している。たとえば、長期雇用を基調とする日本型人事管理においては、賃金カーブの上昇により、中高年齢労働者において賃金が高くなる傾向がある。そこで、賃金カーブの上昇を抑える施策が重要になる。具体的には、中高齢労働者の賃金の下方硬直性を変革する施策が求められる。ジョブ型雇用は、その施策にどんぴしゃり、である。

賃金体系を職能給（能力による賃金決定）から職務給（職務による賃金決定）へと変えてしまえば、中高齢労働者に対して「あなたの能力が陳腐化したので賃金を下げますよ」と言う必要はなく、「あなたの担当している職務にふさわしい賃金にしますよ（下げますよ）」と言うことができるので、賃金を下げることが容易になる。こうした「賃金人事」は、自社の独自性にこだわる必要はなく、他社（あるいは欧米の人事施策）の真似をする、あるいはコンサルタントの指導に従えば導入可能なので、戦略人事の実現よりずっと簡単なのである。

それでは、やはり戦略人事の実現は幻なのか。そうではない。経営陣、現場、人事部門が連携して、自社の競争優位になる独自性のある人材の育成は可能である。第2章以降で、じっくりとそのＷｈａｔとＷｈｙを論じていきたい。

4　サステナブル人事の登場

戦略人事（また、戦略的人的資源管理）の頭文字は、strategic（戦略）という単語が冒頭にくるので、Ｓである。今まで人事の世界で、Ｓといえば戦略人事であった。これに対し、新しいＳ

として登場した考え方が、サステナブル人事（学術的にはサステナブル人的資源管理：sustainable human resource management）である。先に述べたとおり、サステナブル人事とは「企業が目指す目標を利益だけに限定せず、その活動を通じて、地球環境、働く人々、さまざまなコミュニティによい影響をもたらすための人事のあり方」であり、ＨＲＭ（人的資源管理）とＣＳＲ（企業の社会的責任）の両立を意図している[19]。

サステナブル人事の提唱は２００９年である。実はかなり早くにその考えは生まれていた。ところがご存じのとおり、持続性という考え方への注目は、その後に高まっている。２０１５年には国連でＳＤＧｓ（持続可能な開発目標）が採択された。日本ではＳＤＧｓがメディアで多く取り上げられ、地球環境、社会の持続性への関心が高まっている。そして、先に述べたとおり、コロナ禍によって、「グレート・リセット」という持続性を発展させた考え方も登場した。こうした持続性への世界的な関心の高まりを、サステナブル人事は先取りしていたといえよう。

サステナブル人事のＲＯＣモデル

では、サステナブル人事とは具体的にどのようなものだろうか。その具体的な内容は表１－１のとおり、ＲＯＣモデルから構成される。まずＲだが、これは社員の尊重（respect）を意味する。実は、Ｒは戦略人事で説明した資源ベース理論との関連が深い。その企業の人材を尊重して重視

[表1－1] サステナブル人事のROCモデル

	People（人々） Respect（尊重）	Planet（地球環境） Openness（開放性）	Profit（利益） Continuity（継続性）
信条	人事施策の中に人間性を見出す	外的環境を重視した人事施策	長期的視野の人事施策
理論	資源ベース理論の再考	戦略の適合性の再考	長期的な成果 長期的雇用 関係性の再考
理論的根拠	倫理的人事	制度理論とステークホルダー理論	
実践内容	タレント、エンゲイジメント、権限委譲、健康とウェルビーイング（幸福）、従業員参加	ダイバーシティ、高齢化への対応、ワークライフバランス、エコロジー、ステークホルダー、労働市場への配慮	エンプロイアビリティ、キャリア、後継者育成、学習する組織、イノベーションが起こる職場

出所）De Prins, P., Van Beirendonck, L., De Vos, A., & Segers, J. (2014). Sustainable HRM: Bridging theory and practice through the' Respect Openness Continuity (ROC)' -model. *Management revue*, 263-284. p.266, Table 1を筆者が抜粋して翻訳

することが、企業の内部資源（人材）による模倣困難性につながるというわけだ。社員を重視しない企業なのに、独自性の高い人材育成を実現できると考えることは、当然ながら無理があるだろう。そこで、社員の人間性を尊重するという倫理性が必要となり、健康経営、経営への社員参加、社員をタレントと考え、その才能を開発することなどが具体的施策となる。

次にOである。Oは外部環境および地球環境の重視（openness）を示している。ここでは、戦略人事が、人事施策における戦略の適合性だけを過度に重視していることへの見直しの必要性が示されている。戦略人事では、外部環境（市場の競争状況）と内部環境（多岐にわたる内部の施策）に人事施策を合致させ、統一的に運用することが重視される。一見、大事なことのように思える。

だが、市場の競争状況にあわせて内部施策をすべて統一していくことは、結局、株主への短期的利益の還元だけを目的とし、その他の目的を切り捨ててしまうことにつながりかねない。こうした欠点を補正するために、地球環境への配慮、社員の多様性、ワークライフバランス、労働市場への配慮なども含めた、もっと長期的な人事施策の実行を重視することになる。

最後にＣである。Ｃとは、持続性（continuity）を示している。持続性とは、企業における目的を、短期的利益から長期の持続性へと再定義し、変換していくことを意味する。企業活動の目的を長期の持続性という概念へと転換してみれば、社員との長期的な関係性が当然ながら求められる。そのため、社員の育成、キャリア、組織開発などの観点が、人事施策の焦点になっていく。このようにＲＯＣモデルを基盤とするサステナブル人事は、戦略人事の考え方を参考としながらも、より持続的な方向性へと人事施策を変換していくことを目指して提唱されたものといえよう。

5　サステナブル人事と日本企業

ここまでのサステナブル人事の説明を聞いて、「この考え方は、すでに日本企業でこそ実践できているのではないか」と感じられた読者がいるかもしれない。たとえば、サステナブル人事は「三方よし」と似ているのではないか、と感じられたとしても不思議はない。筆者も、サステナブル人事と三方よしには相通ずるところが多いと考える。

三方よしとは近江商人の経営理念を意味する。ただ、その言葉自体は、小倉栄一郎氏が「売り手よし、買い手よし、世間よし」という表現にまとめたとされている。近江商人は、地元の近江だけではなく、全国各地で商いをしていた。そのため、近江以外の地域から信頼を獲得することが重要であり、それを成し遂げるための商いの理念が三方よしとして形成されていったとされている。近江商人だけでなく、京都の老舗の家訓にも同様の理念を見ることができ、近江という地域にとどまらない、日本生え抜きのCSRとしての評価も高い[20]。

では、サステナブル人事と三方よしには、具体的にどのような共通性があるだろうか。まず、近江商人はあえて禁欲的な薄利に徹し、短期的利益を犠牲にしても長期の持続性を重視する。これはCそのものの考え方といえよう。また近江商人は「世間よし」を実践することで、他地域の人々から信頼を獲得しようと努めた。これは、外部環境、地球環境を重視するOと相通ずるものだろう。

三方よしの課題

このように、確かにサステナブル人事と三方よしには共通性がある。そして三方よしが日本企業の企業文化の底流にあるとするなら、日本企業ではサステナブル人事が実現しやすいとも考えられる。しかし、筆者は、日本企業がサステナブル人事を実現するには大きな課題があると考えている。それを象徴することとして、三方よしには明確なRが存在しないことを指摘したい。Rとは、社員を尊重することであった。

ここで「売り手よし」がRを意味するのではないか、という反論があるだろう。しかし、「売り手よし」とは自分たちの組織もきちんと利益を得ましょう、ということであり、そこで働く人々のことが特に重視されているわけではない。もちろん時代背景が異なるので、三方よしに、働く人々を個として尊重しましょうという理念が欠けていたとしても、それで三方よしの価値が低下するわけではない。ただし、筆者はこの点に日本企業の弱点が存在するとも考える。

というのは、「売り手よし」では自組織において経営陣と社員は混然一体としており、それが日本企業の集団の調和を過度に重視するという側面に重なって見えるからだ。日本型人事管理には、長所と短所があることが指摘されてきた。集団的に新卒一括採用した社員に長期雇用を保障することと自体は、長所といえるだろう。雇用の不安定さを心配せずに働けること自体は、良いことだ。しかし、それは同時に集団の過度な重視にもつながる。日本企業の社員は、空間と時間の束縛が強く、転勤、単身赴任、職種の変更、長時間残業に素直に応じることが責務と認識されている。誰もが、こうした責務を果たせるとは限らない。そのため、従来の日本社会では、日本型人事管理の中核である正社員における属性の比率は日本人男性が多くなり、多様性に欠けることがしばしば課題として指摘されてきた。

低い日本のワーク・エンゲイジメント

では日本の正社員は、雇用が安定していたとしても、空間と時間を強く束縛されて、それで幸せだったのだろうか。国際比較をすると、日本においては幸福度やエンゲイジメント（仕事への熱意）は低くなることが知られている。たとえば、日本経済新聞に掲載されたギャラップ社のエンゲイジメント調査では、日本の順位は、139か国中132位であり、「熱意あふれる社員」は米国が32％だが日本は6％、さらに日本の「周囲に不満をまき散らしている無気力な社員」は24％、「やる気のない社員」は70％であった[21]。また、学術的な概念であるワーク・エンゲイジメントに関しても、国際比較をすると、日本の得点は低くなる。具体的には、16か国の比較（6点が最大値）で、日本の得点は唯一3点を下回る。これに対し、4点台後半のフランスをはじめとして、7か国が4点を上回っている[22]。

このようにギャラップ社の調査もワーク・エンゲイジメントも日本の得点は低いのだが、それはなぜなのだろうか。その理由について、日本の得点が低くなるのは、日本人の質問項目に対する回答バイアスによるものだ、という反論がある。実は、回答バイアスがある、というのはそのとおりである。まず、質問項目への黙従傾向（どのような内容の質問に対しても常に同意してしまう）や中間回答（中間の選択肢を好み、極端な回答を避ける）というバイアスの存在が確認されている。[23] さらに、日本人がポジティブな感情表現を抑制するため、ポジティブな質問項目では中間回答が多くなる（結果的にポジティブな質問項目の得点は低くなる）ことも確認されている。[24]

それでは、国際比較をすると日本においてエンゲイジメント（仕事への熱意）の得点が低いのは、単に回答バイアスのせいなのか。筆者はそうは考えない。まずバイアスによる影響は中間回答が多くなることだが、ワーク・エンゲイジメントの得点は中間得点すら下回っている。一定のバイアスの影響はあるものの、実際に日本における仕事への熱意は、それほど高くないと考えることが妥当であろう。

では、回答バイアス以外の理由は何か。ギャラップ社では、日本の得点が低い理由を、上司のマネジメントのあり方だとしている。日本の上司マネジメントは、部下に口答えさせずに確実に業務を遂行させるコマンド・アンド・コントロールである。したがって、上司が部下の個々の強みを考えることは少なく、部下は十分に強みを発揮できない。[25] ワーク・エンゲイジメントが低い理由は、日本では個人の集団への帰属意識が強く、ポジティブな感情の表出は集団の調和を乱すものとして社会的望ましさと一致しないからだ、と推測されている。[26] この2つの理由は、結局、日本では個の尊重よりも集団の結束と調和が優先されるということで共通しているだろう。そうなると、「売り手よし」で経営陣と社員が混然一体となり、日本企業で集団の調和が過度に重視されることは、個の尊重という観点で課題になる。つまり、日本企業はRという点で、サステナブル人事を実現できていない。

日本企業に必要な新しい考え方

最新の研究では、新聞記事のテキストマイニングによって、三方よしを分析している。その結果、「四方よし」や「六方よし」という言葉の出現が明らかになっている。これは、数が増えるほど、重視すべきステークホルダーが増えていることを意味する。[27] たとえば、四方よしでは、「働き手よし」が追加され、社員を重視する姿勢が示されている。[28] あるいは六方よしでは、「作り手よし」「地球よし」「未来よし」が追加される。この場合は、「作り手よし」が社員重視を意味する。この六方よし経営を実践する企業が地域を活性化する事例も観察され始めている。[29] 従来の三方よしの考え方には、明確な個としての社員重視が打ち出されていないため、近年では言い換えが行われているものと推測される。

このように三方よし自体においても、働き手としての個の尊重を含めるという変化が生じつつある。たしかに日本企業は、欧米（特に英米を中心とするアングロサクソン）における株主の短期的利益を重視する企業よりも、サステナブル人事に親和的な部分が多い。しかし同時に、サステナブル人事の観点から見ると、集団の調和を過度に重視するという弱みがある。集団の調和のみを重視するという傾向を変え、実質的にRとしての個の尊重を人事施策に取り入れていかなければ、日本企業がサステナブル人事を実現したとはいえないだろう。

陰徳善事に新しい考え方を加える

また、三方よしに関連し、近江商人の考え方の「陰徳善事」を現代的に修正する必要性についても述べておきたい。陰徳善事とは、なにか良いことをするときには人に知られないように行うということである。それは、良いことを行う目的として直接の見返りを求めないことを意味する。また良いことをしたということで、人に褒められたいということも目的とはしないことを意味する。良いことをすると、それはまわりまわって報われていくという考え方であり、実際、近江商人は人知れずさまざまな社会貢献をしたという[30]。

この陰徳善事という考え方もSDGsを先取りした優れた考え方であろう。企業のSDGsにおけるさまざまな取り組みは、社会全体の持続性を目的としたものであり、直接の自社の利益を目指したものではない。しかし社会全体の持続性が高まれば、まわりまわってその企業の存続基盤も確固たるものになる。さらに言えば、陰徳善事は日本で称揚されやすい考え方だろう。自分が得するわけでもなく、誰に褒められるわけでもないのに、こっそり良いことを積み重ねる。そういう行為に感動を覚える人は多い。

基本的には、今後も陰徳善事という考え方は重要なものだろう。見返りだけを期待する良いことでは、社会全体の持続性につながらない。ＳＤＧｓの時代にあって、その精神はますます必要なものになってくるだろう。

ただ、すべての善事がこっそりと行われなければならないかといえば、そこには疑問が残る。たとえば良いことを行ったことを発表すると、売名行為、偽善、自己顕示欲のあらわれ、などと批判されることがある。ともすると、あらゆる良いことは、こっそりすべきだという考え方がその批判の底流にあるかもしれない。

また、こっそりという考え方は拡大解釈されやすい。たとえば日本企業の中では以心伝心で説明せずともみんながわかってくれる、と感じている人がいるとする。その人にとっては、会社で業務上行うさまざまな評価されるべき行為は、けっして自己アピールすべきものではない。黙っていても、良いことをしていれば必ず評価されると信じ、その行為について説明しなくなるのである。

つまりここで抜けている考え方は、説明責任を果たす、ということである。会社で行うさまざまな業務について、きちんと説明しなければ周囲に伝わらないことは言うまでもないだろう。たとえば、企業や個人が善事を行う場合も、なぜ行うのか、何を行うのかについて説明責任を果たせば、むしろその説明によってその善事の重要性を理解し、共感し、同様の行為を行う人もいるだろう。そこで筆者は、陰徳善事を現代的に修正するには、その考え方を堅持しつつも、同時に「説明善事」の考え方を付け加えることを提案する。陰徳善事を行う場合もあるが、時には説明善事を行い、それらを使い分けるということである。良いことをいちいちくどくど説明するとは味気ない、と感じる人がいるかもしれない。しかしそれが良いことの価値を向上させることにつながるのなら、本質的に近江商人が目指していたことにむしろ合致するのではないだろうか。

6　安易な両立と高度な両立

戦略人事とサステナブル人事は、いずれも日本企業の現状において、実現が難しいことを述べてきた。戦略人事とサステナブル人事が単体としてすら実現していないのに、その両立がさらに難しいことは想像に難くない。ここで確認しておきたいことは、戦略人事とサステナブル人事には対立・葛藤する要素があることを前提とし、それでも両立させる価値がある、ということだ。

先に述べたように、サステナブル人事は戦略人事を批判的に考察し、それを乗り越えることを意図して提唱された。つまり、サステナブル人事の提唱者たちは、戦略人事とサステナブル人事を両立させるのではなく、戦略人事をサステナブル人事に置き換えることが望ましいと考えている。しかし筆者は、戦略人事とサステナブル人事はあくまで異なる考え方であるとともに、両方の存在に意義があると考えている。

戦略人事の主要な目的は、自社に独自性を確立することで、企業の競争優位を実現することである。他方、サステナブル人事の主要な目的は、外部環境と多様なステークホルダーへ貢献していくことである。いずれも企業にとって必要なことだが、やはり方向性としては異なる。したがって、それぞれ行うべき人事施策は異なってくることになるだろうし、それらの施策の間に対立・葛藤が生じる可能性もある。このように両方とも必要で方向性が異なるからこそ、それを区分して考え、なおかつ両立を目指すべきではないだろうか。

安易な両立

このように戦略人事とサステナブル人事は異なるものであることを確認したうえで、考えないといけないことは、一口に両立といっても、安易な両立と高度な両立が存在する、ということだ。

なにかを両立させようと考える時に警戒すべきは、それが安易な両立になりやすいということだ。

青山学院大学の香川秀太准教授は、グレゴリー・ベイトソンのダブルバインド（二重拘束）という概念によって、安易な両立が生じる理由を説明している。[31] ダブルバインドとは、他者から「こうしなさい」と言われながら、実際にそれをやると怒られ、その矛盾した状況から逃れられない事態を意味する。戦略人事とサステナブル人事の両立についていえば、「個としての社員や地球環境を尊重しなさい」と言われながら、実際それを実行して会社の業績に反する場合には怒られてしまう、ということだ。香川准教授によれば、別の仕組みへの根本的な変革がない限り、この状況（ダブルバインド）は解決しない。そこで見た目だけ、対症療法的にこの状況に対応しようとして、安易な両立が生じる。

では、戦略人事とサステナブル人事の安易な両立とは、具体的にどのようなものだろうか。それは両立とは言葉だけのもので、実質的には戦略人事だけの追求である。社是や経営理念では「個としての社員と地球環境を尊重」と謳っているのだが、それはあくまでも「会社の利益を損なわないなら」という条件付きである。会社の利益を損なった場合には、社員は怒られる。条件付きでの実行はなかなか難しく、怒られたくないので、社員は利益だけを追求し、「個としての社員と地球環境を尊重」は社是と経営理念に書いてあるだけのお題目と理解する。イマヌエル・カントは、条件付きで何かをすることを「仮言命法」と呼び、倫理的には好ましくないとした。

「個として尊重してほしいなら、利益をあげろ」という条件は仮言命法そのものであり、倫理的に問題があるのは間違いない。しかしこの条件を素直に受け入れれば、ダブルバインドからは逃れることができる。つまり実質的には戦略人事としての「利益・業績」だけが求められていて、お題目としてのサステナブル人事は無視していいと、社員は考えることになる。これでダブルバインドは消滅し、社員は安心して「利益・業績」の追求だけに邁進できる。

高度な両立は難しい

戦略人事とサステナブル人事の高度な両立を実現するためには、それぞれに対立・葛藤する側面があると理解し、それを乗り越えるために、現状を別の仕組みへと変革していく必要があるだろう。もちろん、それは容易ではない。筆者も、ずっとその道筋を見い出すことができず（幻だと思い）、悩んできた。そんなある日、筆者は人事コンサルタントの八木洋介氏から高度な両立に関する大きな助言を得たことがある。

それは筆者が、新卒で入社した企業に在籍していた頃のこと。八木氏から「君も人事担当者なら、経営陣の言うことを聞くべきか、現場の社員の気持ちに寄り添うべきか、どちらを取るか悩んだことがあるだろう」と質問されたことがある。高度な両立に悩んでいた筆者は「もちろんいつも悩んでいますが、結局、経営陣の意向が優先せざるを得ないことが多いです」と回答した。

八木氏は「自分は人事担当者として、ステークホルダーとして考慮すべき比率を、経営陣49％、現場51％で考えている」と述べ、その次に「他の会社の部門が利益・業績を追求することが業務となっているなかで、唯一人事部門だけが、業務として現場の意向を51％尊重してもいい、やりがいのある部門なのだ」と49％対51％の比率の説明をしてくれた。その言葉が決め手となり、筆者は、当時八木氏が人事部門の長を務めていた企業に転職した。それほど、その言葉に感銘を受けたのだ（もっとも、転職先でも、その比率を実践することは、現実には極めて困難だった）。

この比率に意義があると思うのは、経営陣と現場の意向をそれぞれ尊重しようと思う時に、そこに対立・葛藤が存在することを明確に意識できるからだ。対立・葛藤の存在を認識しないと、結局、安易な両立になり、経営陣の意向の優先になりがちだ。「社員を大切にするためには、企業の存続が必要で、そのためには今は社員に犠牲になってもらわなければならない」などと理屈はいくらでもつけることができ、人事担当者が自分を納得させ、利益・業績だけを追求する状況は容易に想像できる。

7　カゴメで成立した高度な両立

このように、高度な両立は難しい。しかしカゴメでは戦略人事とサステナブル人事の高度な両立が実現していて、それが幻でなかったことを我々は知ることができる。またその両立において、ＣＨＲＯとコーポレートガバナンス・コードが果たした役割は大きい。一般的に人的資本経営（あるいはその開示）とコーポレートガバナンス・コードへの対応を、社会の要請としてやらなければいけない守りの経営施策と捉えている企業も多いだろう。あるいはそれを経営陣の対応事項として考え、人事部門の業務とは関係ないものとみなす企業もあるかもしれない。

しかし、コーポレートガバナンス・コードへの対応を攻めの経営施策とみなし、それをＣＨＲＯが主導するという考え方があるはずだ。それによって、コーポレートガバナンス・コードに含まれる戦略人事とサステナブル人事の視点を、経営に最大限活かすこともできるはずだ。

だからこそ、筆者は本書でカゴメの事例を紹介することに意義があると考えている。ただし、繰り返しになるが、ここでカゴメの高度な両立のＨｏｗ（施策をどうやってやるか）だけを真似しても意味がない。カゴメの高度な両立は、その歴史的経緯、企業文化、事業環境を前提として成立するものである。他社の場合のＨｏｗは、当然ながら別の方法になるだろう。ぜひ注目していただきたいのは、カゴメの高度な両立のＷｈｙ（なぜその施策を実施したのか＝施策の意義）とＷｈａｔ（施策で何を実現しているのか＝施策の意味）である。その本質を把握すれば、他社においても応用可能となる。さっそく、有沢氏に、次章でＷｈｙとＷｈａｔを語っていただきたいと思う。

第 2 章

有沢哲学が生まれるまで

▼本章の概要とねらい

本章では、カゴメの生き方改革を推進するまでに至る、人事のプロフェッショナルとしてのキャリアの歩みを、有沢氏自らに語っていただく。なぜ、有沢氏はカゴメという挑戦の場を得て、生き方改革を遂行できたのか。それには、銀行での波瀾万丈の経験、海外MBA留学での学び、経営構造改革・事業統合の経験、日本企業、外資系企業の経験など重層的なキャリアを歩んできたからこその蓄積という裏打ちが存在した。有沢氏の人事プロフェッショナルのキャリアの実態を明らかにすることが、本章の狙いである。

1 銀行でキャリアの礎を築く

入行までのあゆみ

私は新卒で協和銀行に入行しました。そもそも我が家は銀行一家で、父も祖父も銀行員だったので、私も小さい頃から銀行員になるだろうと思っていました。親の転勤で幼稚園も小学校も3回ずつ変わりました。そんな転校ばかりの私を母が心配し、小学校5年生のときに兵庫県に住む祖父母の家で暮らすことになりました。灘中学校・高校で中学・高校時代を過ごしたのちに東京大学を2回受験しましたが失敗。最終的に入学した慶應義塾大学商学部でマーケティングに出会いました。卒業論文のテーマは、銀行のマーケティングでした。

当時銀行は、基本的に、商品・サービスに差別化のない業種でした。たとえば住宅ローンを借りるとすれば、住宅販売会社の紐付き融資か自宅から近い銀行を選ぶでしょう。今はネット銀行などもありますが、昔は特に、消費者に選択権はほとんどありませんでした。当時の金融業界はいわゆる「護送船団方式」で、いずれの銀行でも金利、ローン等すべからく同一であるべしという中で競争していました。ちなみに、私は映画やドラマが大好きです。山崎豊子さん原作の『華麗なる一族』は関西の銀行を舞台とした1970年頃の作品ですが、基本的なところは当時とあまり大きく変化していなかったと思います。

バブルと銀行

協和銀行に入行して最初の配属は、京橋支店（東京都中央区）で、法人営業を担当しました。中央区には大企業の本社が多数あり、各社の経理の方々にずいぶん鍛えていただきました。最近ではさまざまな企業にお招きいただき、講演会をさせていただくことも増えました。講演会の前にご挨拶した訪問先の専務が京橋支店時代にお世話になった方で、抱き合って再会を喜ぶということもありました。本当に、お取引先にはお世話になりました。

次は、新宿西口支店（東京都新宿区）に異動しました。バブルの全盛期でしたから、お取引先から土地売買や超高額の融資依頼の電話がかかってくるのはしょっちゅうです。関係部門の部長や審査役を深夜まで引き留め、稟議書を説明し承認をもらうのが日常でした。当時、27、28歳でしたが、個人として銀行で一番収益を上げていたうちの一人と自負しています。今思えば、「俺がこの銀行を背負っている」と、図に乗っていた時代かもしれません。

海外ＭＢＡへの留学

バブルによる土地価格の高騰を受けて大蔵省から金融機関への総量規制が行われ、バブルは終焉を迎えました。まさに時代が移り変わろうとしているさなかに、現場から人事部へ異動しました。次なるミッションはＭＢＡ（経営学修士）を取得する留学です。

１年半の入試対策勉強を経て、無事にアメリカのセントルイスにあるワシントン大学に合格しました。そこには、私と同様に企業から派遣された日本人が何人かいました。ＭＢＡコースは当時としては珍しく一学年１５０人程度の小規模な学校でしたから、みんなと仲良くなれました。

ＭＢＡでは、１年目に全員共通のコア・プログラムを学び、２年目は選択式授業とケース・スタディが半々です。当時、ＭＢＡ留学をする銀行員のほとんどがファイナンスを選択しています。

というのも当時はデリバティブのはしりで、コール・オプションとかプット・オプションとか注目されていた頃で、銀行員にはとにかく流行っていました。

しかし、私はMBAコースでは主に人的資源（ヒューマン・リソース）とマーケティングを選択しました。ＭＢＡへの推薦書を書いてくれた大学時代のマーケティングの先生が、「これからの銀行にはマーケティングが必要になる。マーケティングの本場のアメリカでマーケティングを学んでこい」と助言してくれたのです。私も、ファイナンスは日本でいくらでも学べますが、人的資源とマーケティングはこの当時の日本ではなかなか学べないと考えていました。加えて、そもそも人と同じことをするのが好きではないという性格も、この選択には影響していると思います。今、振り返ってみれば、この段階で人的資源とマーケティングを学んだことは、後々のキャリアに大きな意味を持つことになりました。

バブルの後処理

留学中に協和銀行と埼玉銀行が合併し、あさひ銀行になりました。私がアメリカでその知らせを受けたのは、合併してから3か月後でした。帰国後に配属されたのは赤坂支店です。当時の日本はバブル崩壊後で、株価はバブル期の半額以下という時代です。また当時の赤坂支店は、山積する不良債権の集中処理工場のようでした。

近隣の地域にある業況悪化先に対して集中的に企業の再生計画を立てる、今で言えば産業再生機構のような部署が作られ、私を含めた3人のチームで業務を遂行しました。これは、バブル全盛期の新宿西口支店にいた時とは正反対の仕事でした。

私の使命の主なものに不良債権の圧縮と債務者区分（正常先、要注意先、破綻懸念先等）をできるだけ下げないことがありました。取引先が債務者区分を大きく落とすと、二度と融資ができない可能性が高かったからです。一方、取引先の経営者から見れば、不良債権を回収しようとしている私たち銀行員はまるで敵でした。しかし「貸出金を返せ」と言うばかりでは何も前進しません。「あなたと一緒にあなたの企業を立て直したいのです」という基本姿勢を理解してもらい、経営者に協力してもらわなければ、再建は絶対に進まないのです。

経営者との対峙

銀行員として経営者と理解を深めるために、私はいつもその方の生い立ちから調べることにしていました。出身地などの属性情報から共通点を探し出し、経営の苦労をねぎらい、共感して、心理的距離を縮める努力をしました。野球好きの経営者（債務者）と一緒に、お互いに自腹で東京ドームに野球観戦に行ったこともあります。

もともと人と仲良くなるのはわりと得意でした。これは、幼少時代に転校が多かったことも影響していいるかもしれません。銀行員だった親の転勤の都合でいろんな地方を転々としましたが、私は人が好きなので、すぐに友だちをつくりたいと思っていました。やはり最初の糸口は言葉です。富山では富山弁を、関西では大阪弁を一生懸命覚えました。相手と仲良くなるために工夫をしてきたことが、仕事に活きたのかもしれません。

とにもかくにも信頼関係をつくり、そのうえで経営者の人生そのものに深く入り込む必要のある仕事でした。あなたの年収はこれだけにしてくれとか、海外不動産や美術品はすべて売却してくれとか、かなり踏み込んだ話をしなければならないこともありました。なぜならば、返済の意思があると認められれば当時の大蔵省の検査でも債務者区分の維持につながる可能性があったからです。ただ時には企業の再建を進めるために、厳しさも必要でした。経営者の方に相当厳しいことを申し上げたことも何度もあります。

この仕事を通じてさまざまな経営者にお会いしましたが、私たちがいくら再生計画を立てても、経営者にそれを遂行する信念がなければどうにもならないことを痛感しました。

2　プロフェッショナルとしての人事職のはじまり

修羅場経験を経て人事部へ

ＭＢＡに一緒に留学した他の2名は帰国後、本社に配属されました。先輩の留学経験者もみんな、本社配属です。ですから、私だけが赤坂支店配属を言い渡されたときは、正直、釈然としませんでした。

赤坂支店で企業再生や融資担当役席を経験した後、ようやく人事部から声がかかりました。人事部に出勤した初日に人事異動検討に使うボードを見ると、既に茶色く色褪せた私のボード（名札）がありました。後から聞いた話では、ＭＢＡ留学時から私が人事部に配属されることは決まっていたものの、まずは修羅場をくぐらせようという思惑があったようです。バブル絶頂期の仕事を経験したのなら、その逆も経験させようということだったんだと思います。

当時、私たちが再生に関わった企業をテレビなどで拝見すると、少しはお取引先や社会のお役に立てたかな、という思いが湧いてきます。そんな経験ができたことに心から感謝しています。

人の一生に対する責任

私は人事部で、管理職・担当職の異動・昇進・昇格の全権限を持つ人事グループに配属されました。当時の銀行は現在以上に中央集権の色合いが濃かったので、現場よりも人事部の人事権が圧倒的に強かったのです。30代の人事部員が、40代・50代の管理職の人事に関する権限も持ちます。毎月、何かしらの人事異動は発生しますが、当時大きな人事異動は7月に行われました。

毎月人事異動が発生するので、その月の人事異動の責任者が「異動チーフ」として持ち回りで任命されました。人事異動は人事グループ全員で考えますが、「異動チーフ」はその月に行われる人事異動を組み上げる最終責任がありました。私が人事異動のチーフになったとき、約300名の異動をほとんど一人で組み上げたことがあります。そのときある先輩が私に質問しました。「この人は、なんでこのポジションに異動するの?」。私は、その人の経歴やスキル、歩んでほしいキャリアなどを一生懸命に説明しました。先輩はさらに続けます。「ふーん、なるほど。じゃあ、この人は?」。この調子で質疑応答を繰り返し、20名ほど私が説明を終えたところで、私はそれ以上答えられなくなってしまいました。

そのとき先輩は私にこう言いました。「有沢、お前、人事部やめろ。お前は人事異動を何だと思ってるんだ。人事異動は、人の一生に関わる仕事だ。その人がどこの支店に行くのか、どこの部署に行くのかによって、その人の一生が変わる。その人の家族も親族も影響を受ける。お前はこの人の一家に対する責任を負っている気概がまったくない。人事部やめるか銀行やめるかどっちかにしろ。明日までに結論だせ」。

人事異動はアートだ

半べそをかきながら300名の人事資料を読み込み、改めて人事異動を組み直しました。その時は3日間、徹夜しました。そして改めて300人の人事異動を組み上げて全部説明できたとき、その先輩から「ほらみろ、できるじゃないか」と言われたことは忘れられません。先輩は続けてこう言いました。「人事異動はアートだ。単なる印象だけでなく、どこからどう見てもひとりひとりの人事異動が将来も見据えて完全に説明がつくものでなければならない。そういうつもりで組め。いい加減な人事異動は今後も絶対に許さん」。

私は自分が担当した行員の人事資料をすべて頭に叩き込みました。当時の人事グループでは1月から6月まで、7月に行われる行員の昇進・昇格に関する議論が行われ、人事グループメンバー全員10人がかりで徹底的に議論しました。そこには人事グループ内の先輩・後輩も関係なく、全員同じ立場で熱く議論をしました。時には1人の昇格で丸1日かけて議論したこともあります。なぜこの人を昇進・昇格させるのか、同世代にどんな人がいて、その人たちと比較するとどうなのか、この人が昇進できてこちらの人が昇進できない理由は何か、等々、さまざまな角度から検討します。グループ10人全員一致でなければ、基本的には昇進・昇格はさせない仕組みでしたので非常に時間がかかりました。

これは極めて非効率なプロセスに見えますが、個人的には徹底的にひとりの人の人生を議論することは、この時に刷り込まれました。合議制により恣意性を極力排除すること、一定の合理性を保つこと、公平性・公正性を担保すること、これらが私の人事異動に対する考え方の原点です。転職した会社でも、若い人たちに「人事異動はアートだ」と教え、必ず異動理由を質問して答えてもらっています。

人事異動はその理由を必ず他者に客観的に説明でき、恣意性を極力排除すること。つまり合議制により、公平性と公正性が担保できること。これが、第６章で説明する、カゴメのＨＲビジネスパートナーの原点であり、出発点になりました。

戦略コンサルティングファームとロジカルシンキング

銀行の業務改革が流行った時代がありました。ＢＰＲ（ビジネス・プロセス・リエンジニアリング）と言って、要するに、無駄な仕事をなくして組織構造を再構築するプロジェクトです。当時のあさひ銀行（現りそな銀行）ではそれを、ある戦略コンサルティングファームと一緒にやることになりました。あさひ銀行としては初めての、戦略コンサルティングファームを招いたプロジェクトでした。

プロジェクトの進行にあたっては銀行側からのプロジェクトメンバーとして主要な各部門から1人ずつ若手のメンバーが選出されました。銀行にマーケティングの考え方を取り入れるプロジェクトのため、人事部からは私が選ばれました。普段から人事部でもマーケティングが必要だという話をしょっちゅうしていたので、「それならやってみろ」ということだったのではないかと思います。ここでようやく、海外ＭＢＡで学んだマーケティングの登場です。

戦略コンサルティングファームのメンバーとはケンカ状態で議論をすることもありましたが、このプロジェクトを通じて私はロジカルシンキングや戦略に対する考え方を徹底的に鍛えてもらいました。戦略コンサルタントが出してくる資料は常に一貫性がありました。ファクト（事実）を集めて、課題を抽出して、解決の方向性を見い出して、具体的な解決策を出す、その一連の論理性は実に見事なものでした。私はこの影響を強く受けて、今でも戦略コンサルティングファーム式で資料を作ります。

プロジェクトを通じて見えた銀行のファクト（事実）

戦略コンサルティングファームと一緒になって銀行にマーケティングを導入するのは本当に面白かったです。特にインデプス・インタビュー（消費者マインドを理解するための手法）は印象的でした。

このインデプス・インタビューを何人も行うことを通じて銀行とお客様との思いの大きな差がはっきりとわかりました。つまりそれが銀行に対する当時の世間の目だったのです。

念願のマーケティング部門設立

その後当時の経営主導で、銀行にマーケティングの部門の基礎である業務革新推進部という部署が誕生しました。あさひ銀行はもともとリテール（中小企業や個人のお客さま）に経営資源を集中する戦略をとっていました。しかし改めてお客さまの声を聞き、銀行としても大企業中心からリテールへというさらなる転換のスピードを速める決心がついたのです。これはおそらく、当時のどの都市銀行よりも早い動きだったと思います。そして私は人事部から業務革新推進部に異動しました。

新しい部署には、業務の効率化・リテールの推進のための優秀な人材が集まっていました。これは現在のりそな銀行が先頭を切って進めているマーケティング部門や戦略のとっかかりになったのだと思います。

病気療養とキャリアの転換

その後私は総合企画部次長に異動となり、銀行の戦略や方向性を考え、決める業務を行っていました。しかし総合企画部の仕事をやる中で、あまりの激務で体調を崩しました。行内の診療所で肺のレントゲンを撮ったところ、真っ白でした。即、自宅療養を命じられました。

私自身も静養と通院が必要でしたが、実は私の子どもにも基礎疾患があり、毎日の通院が必要な状況でした。自宅療養の間、毎日のように車で病院に向かい、子どもが処置してもらっている間に、私は横で抗生剤の点滴を受けていました。1か月ほどそんな生活をしていましたが、本当に苦しかったです。そして人事部長と総合企画部長に、「もう出世はしなくていいから私を頼らないでほしい」と伝えました。2人とも「わかった」と言ってくれました。

束の間の店舗勤務

1か月余りの静養を経て、私は職場復帰しました。その時の銀行側の配慮により、自宅から近い支店に副支店長として配属されました。その店舗は典型的な中小企業・個人のお客様に特化したリテール店舗で忙しかったですが、店内の雰囲気が非常に良く、いいお取引先に恵まれ楽しく働いていました。

そんなある日、支店長に電話がかかって来ました。青ざめた支店長から告げられたのは、来るはずのない私への異動通達でした。この支店に来てわずか10か月で、再びまた人事部へ異動することになりました。

3　人事改革への取り組み

中期経営計画に込めた思い

人事部に戻り部長から依頼されたのは、人事の中期経営計画の作成でした。しかも、20日間で、という無理難題です。

20日間で経営戦略全体との整合性をとりながら作成するため、相当ドラスティックにやりました。その時考えたのは人事戦略の中でも「人材戦略」を中心に据えるということです。たとえば新入行員研修は入行後3か月研修センターに缶詰にしてマーケティングを中心に徹底的に教え込むという企画を作成しました。続いて手をつけたのが、年次研修から選択型研修への移行です。もともと、年次研修にどれほどの意味があるのか甚だ疑問だったので、これを機に多くを廃止しました。さらに職務等級制度を導入し、人に対してお金を払うのではなく、仕事に対してお金を払う仕組みにしました。

未来志向の新入行員育成

中期経営計画に従い、まずは研修改革をスタートしました。

それまでの銀行員は、法人のお客さまに対しては主として過去の決算資料から会社の状態を把握し融資の可否や金額を決めるのが定石でした。しかしこれからの銀行員には未来を見る力が求められると考えました。企業価値を見定め、10年後のあるべき姿から現在価値に引き直し、投資的な融資提案ができる新入行員がいたら、これは明らかに銀行の差異化につながります。少なくとも私はそう信じました。

新入行員には、あさひ銀行の競合は他行ではなくコンサルティング企業であると説きました。これからの我々銀行員は単なる金融の取次業ではなく、お客さまの問題解決を提案することが求められると考えました。そして問題解決能力の養成は、トレーニングすれば銀行員にもできると思いました。コンサルティング会社のコンサルタントと比較したとき、私たちの強みは単なる提案だけでなくお金という具体的な解決策を用いてお客さまを最後まで支援し続けることにあります。そこを徹底的に教え込みました。

実践の場として、お客さま訪問を活用することもありました。例えばある研修を終えるにあたって若手の行員に「明日から３日間はお客さまの前で金の話を一切するな」と申し渡しました。その代わり、経営者にじっくりヒアリングしてきてもらいました。経営者にとっての競合はどこか、商品・サービスのポジショニングはどうなるか、そして経営者の夢は何か、等々。これは、お客さまからも良いフィードバックをいただきました。

新入行員にマーケティングの力がつくと、配属後に、支店長から連絡がきます。要するに、新入行員が研修で習ったことを現場で応用しても、上司がそれをよく理解できていなかったのです。それで、マネージャー、支店長、部長に対しても順番にマーケティングを含むミニＭＢＡ講座を実施しました。

繰り返しになりますが、研修改革の肝は、従来型の年次研修・階層別研修を実質的に廃止し、個人が強みを伸ばす選択型研修へ移行することでした。銀行が決めるのではなく、本人が主体的に自分のキャリアを選択することができるようにサポートする仕組みを作ることが重要なのです。

対談

選択型研修の導入とキャリア自律

年次研修・階層別研修の実質的な廃止と、選択型研修の導入は、カゴメでもキャリア自律を推進する中核の施策になっている。なぜ、選択型研修の導入はキャリア自律につながるのか。この点を対談で掘り下げる。

石山　選択型研修を導入されたということですが、自分で研修を選択するという方式に移行したのはなぜですか。

有沢　まずは銀行が銀行の都合によるお仕着せのキャリアを作ることに疑問を感じたからです。

石山　その問題意識はどんなご経験から生まれたのでしょうか。

有沢　私は銀行の中では中枢のキャリアを歩んだと思います。しかし、銀行が私に歩ませたいキャリアと、私が歩みたいキャリアは必ずしも一致するとは限りません。結果的にはやりたいことをやらせてもらいましたので感謝はしていますけれども。それは同期と話をしていても感じていました。結局、当時の銀行では銀行側が決めた銀行の論理に基づくキャリアに陥ってしまう危険性が高かったのです。

石山　銀行の人事異動は緻密に考えられているけれど、それゆえにそこに身を任せてしまっている、という感じでしょうか。

有沢　そうなんですよ。だから、当時は自分で自分のキャリアを考えられる仕組みとはあまりなっていなかったと感じていました。でも、それはおかしいと思いました。当時、銀行で転職する人が徐々に増えてきていたんですね。銀行に入れば一生安泰、という昔ながらの考え方が崩れ始めていたんです。それは銀行だけでなく、たとえば官僚の方たちも省庁をやめてコンサルティング会社に転職していく人が多くなりました。それはなぜかと考えましたが、やっぱり当時は銀行員や官僚の方には自分でキャリアを選択するということが少なかったからではないかと思います。

石山　この選択型研修の導入には、キャリア自律に対する有沢さんの信念を感じました。

有沢　まさに、自律というのがその時のキーワードでした。選択型研修を通じて銀行からの自律を考える機会にしてほしかったんです。だから首都圏と地方で差が出ないよう、機会均等にはこだわりました。たとえば、研修は銀行が休みの土日に開催しました。これは平日に研修を行うと職場に引け目を感じて参加をためらう人がいると考えたからです。また参加の決意表明のような意味合いで1回の研修あたり一定の参加費用を徴収しましたが、とてもこれで研修に関わる費用はまかなえません。残りは銀行の人材育成に対する投資、という考え方です。また地方の行員も不公平なく研修に参加できるように、研修参加のための交通費や宿泊費は人事部が原則負担しました。つまりキャリア自律の仕組みを整えるのは銀行の仕事ですが、この仕組みを使うかどうかは強制されるものではなく、結局あなた次第ですよ、ということを私はずっと言い続けたんです。

石山　ちなみに、予算についてはどのようにお考えだったのですか。

有沢　人で差異化できなければこれからの銀行は勝てないと考えていましたから、人材育成だけで一定の予算を持っていました。当時、メガバンクがどんどん誕生しており、そうした銀行にどうやったらうちが勝てるかを考えたわけです。やはり、顧客に対する課題解決ができること、そして価値提供のバリューチェーンを作ることができることが重要だと思いました。これができるのは結局「人」です。ですから、研修講座も一流講師の方にきていただき、多くの講座をラインナップし、受講者に対して徹底的に教えてもらいました。なかには「世の中のトレンドを学ぶ」とか銀行業務に直接的には関係ないと思われた講座も多くありました。

石山　なるほど。有沢さんがＭＢＡで人的資源とマーケティングを学んだ成果が活きているわけですね。ちなみに、選択型研修を導入されて、参加者からの反応はいかがでしたか。

有沢　盛況でしたよ。週末に東京・埼玉・大阪で50ほどの講座を開催していましたが、いずれもすぐに満席になりました。年間の講座数は延べ１００以上、参加者は延べ1万数千人になりました。

石山　たくさんの方が学びの機会を活用されたのですね。選択型研修にされたことで、何か変化はありましたか？

有沢　研修には、多様な行員が参加します。たとえば「ロジカルシンキング」の講座で、「はい、それでは隣同士の２人で議論してください」と言うと、50代の男性支店長と女性の新入行員がペアで議論したりワークしたりしているんですよ。私はそういう光景を当たり前にしたかったんです。年代、職種、性別など関係なく、お互いに議論する風土を作りたかったんですね。

石山　たしかに、年次研修では絶対にありえない光景ですね。

有沢　はい。それから、言われたことを鵜呑みにするのではなく、ＷｈａｔとＷｈｙを考え続けてほしいと思っていました。考えることを放棄したらそこでおしまいですから。

石山　キャリア自律に加えて、自分とは異なる立場の人と話すことで、これまで気づかなかった「何のためにやるのか・なぜやるのか」に気づくきっかけにもなりそうですね。

対談

公開原則の原点：公開の魅力にとりつかれる

同時にこの頃、有沢氏の人事改革の原則である、「公開」について重要な経験があった。この点を対談で掘り下げたい。

有沢　当時、総合企画部の次長というポジションで銀行の戦略や方向性を考え経営に上げることを主業務としていましたが、格付機関の対応も担当していました。そこで格付機関の方に銀行の経営トップにご承認いただき当時の銀行の状況を隠すことなくお話しいたしました。今で言う「開示の重要性」であり「透明性を担保する」ことです。それが今の私の仕事を行ううえでの原点であり信念です。

石山　それはしかし、なかなか腹括れないですよね。

有沢　いや、そこは、まず腹を括るということは経営者も腹を括ってもらう、ということなんです。格付機関に開示したところ、「ここまで開示された金融機関は日本で初めてですね。すごいことだと思います」と言われて、格付けを維持していただきました。

石山　開示は勇気がいりますが、そこで腹括ってそれをやったっていう効果がすごいですね。

有沢　開示することの大切さは何度も申し上げますが、「透明性を担保」することは、社外の「心理的安全性」を担保することと同じ意味なのです。私の今の原点はすべてそこにあると言っても過言ではありません。

２度目の銀行統合

２００２年にあさひ銀行は大和銀行ホールディングスの傘下に入ることとなりました。そして２００３年に大和銀行との統合で新しく誕生したりそな銀行には公的資金が投入され、実質、国有化されました。それまでの経営陣は退陣し当時ＪＲ東日本で副社長をされていた細谷英二氏がりそなホールディングスの会長に着任し、実質私の上司となりました。

細谷氏の銀行改革

細谷氏はさまざまな銀行改革を行った方でもありました。たとえば通常の銀行の営業時間は午前９時から午後３時でしたが、それを「お客さま目線で考えろ」と言われ午後５時まで延長しました。

また細谷氏の問題意識はそれで終わりではありませんでした。その次には「なぜ銀行の窓口の人は座っていて、お客さまは立っているの？」と聞かれました。これはずっと銀行にいると見逃してしまう視点でしたが、マーケティングの観点から考えてみれば、お客さまの満足度を最大化することが重要です。今でも、りそな銀行は、相談窓口以外の窓口では原則行員は立って接客しています。細谷氏は、私や行員にマーケティングの考えを銀行に取り入れ直すきっかけを与えてくれました。

経営者と人事の二人三脚

また細谷氏は人材育成について極めて理解がある方でした。銀行は厳しい状況でしたが、行員のボーナスは全額支給されず、基本給も大幅カットされる中でも人材育成に関する投資はほとんど削減されませんでした。

私はこのとき、経営者と人事が二人三脚で経営課題に当たる楽しさを知りました。経営者が人事課題を経営課題に引き上げ一貫した態度を取ってくれることで、私の仕事は格段にやりやすくなりました。

ほかにも、多くの行員の早期退職施策と再就職支援を2年かけて行いました。業務改善命令の遂行にめどがついたら、私自身、銀行をやめる決意をしていました。仲間が退職することに関わる施策を担当した以上、それでも自分は残るという選択肢は、私にはありませんでした。慰留されましたが、それでは退職した先輩、後輩、同期に申し訳がつかない。自分のけじめとして、自分がやめることは必要なことでした。それでも銀行をやめる前に細谷氏と仕事ができたことは、かけがえのない経験となりました。

4 HOYA株式会社の人事改革

入社の経緯

入社のきっかけは、当時の鈴木洋社長から直接声をかけていただいたことです。当時から、HOYA株式会社（以下、HOYA）は世界中の多くの国を活動対象とするグローバルカンパニーでした。しかし、事業部が独立採算制のため、人事制度はすべて事業部単位でバラバラでした。鈴木社長は、事業と地域のマトリックス組織を作り、それを統一する人事制度を構築したいが、社内には人事が分かる人はほとんどいないし、人材育成もあまり進んでいないと、慨嘆ともつかないような様子で話をしてくれました。私が入社する3年前まで、人事部員はたった1人しかおらず、グローバル人事といっても、各事業部がバラバラで人事を行っている状況でした。会社全体としての新卒採用は行われず、採用もすべて事業部が独自に行っていたのです。

この全世界バラバラに運用されている人事制度を、鈴木社長から3年で統一してほしいと言われました。正直かなり無茶ぶりのミッションだな、とは思いましたが、これは挑戦しがいのあるミッションだと、むしろ闘争心に火がつき入社を決めました。

経営との信頼関係の構築

入社後、ＨＯＹＡの拠点がある国内・国外のすべての現場に足を運びました。たとえばある事業本部は事業環境が厳しく赤字の状態でした。しかしＨＯＹＡは当時各事業部が完全な独立採算で運営されていたため、赤字の事業部と逆に好調だった事業部では同じ会社でも賞与の支給額に大きな差がありました。

この対照的な事業部の構造は、独立採算制でマトリックス組織体制の象徴でした。そこでこの考えを基本的に維持しつつ、人事制度の統一を行うことに決めました。

こうしてその後、鈴木社長とは会社の状況や人事制度の方向性について何でも話せる関係を築きました。会社の問題に関して経営に忌憚のない意見を伝えることは、私にとって貴重な経験でした。

経営と二人三脚で改革を実行

人事制度は先に述べたように世界各国の事業部において、複雑なマトリックス状態にありました。海外で直接話を聞くと、人事制度そのものに対する意識もかなり異なっていました。たとえば、スペインに行けば同じ会社で同じ国にあっても事業部が異なるとまったく違う人事制度が運用されていました。ただ、スペインのある事業部では素晴らしいコンピテンシー制度が導入されていました。ところがそのまま、隣のフランスに行くと、スペインと同じ事業部なのに今度は「コンピテンシーって何ですか？」と質問されるような状況でした。このように現場で話を聞くにつれて、とにかく早く、統一した人事制度を作らなければとの危機感を募らせました。

最初に着手したのは評価制度と報酬制度です。しかし、新しい人事制度に各事業部からは多くの反対が出ました。全世界を回って、新しい制度について説明していきましたが、やはり現地はなかなか理解してくれません。このとき、反対する事業部の人事担当を動かしてくれたのは、他でもない鈴木社長でした。私がやっていることを全面的に後押しして、事業部門の人事担当に新しい人事制度がいかに重要かを説明いただき、まずはやってみようと伝えてくれました。このように経営として、新しい人事制度に本気で取り組んでいることを明確に示してくれたのです。このあとも、鈴木社長には苦しい場面で何度も登場して助けていただきました。新しい人事制度の推進のために、直接動いていただいた鈴木社長には、今でもとても感謝しています。人事改革は、やはり経営と人事が二人三脚で推進する必要があります。

人事制度の意義を説明する

職務等級は、全世界一斉に導入しました。そして導入に際してはとにかく世界中を飛び回りました。時には、空港から4時間も車で揺られて、ようやくたどり着くような拠点にも足を運びました。でも人事についてはみなさんがお分かりいただけるように新しい人事制度への反発に対して、ただやみくもにやれと言っても誰も納得してくれません。自ら現場に向かい、何を導入するのか（Ｗｈａｔ）、なぜ導入するのか（Ｗｈｙ）をとことん説明し、職務等級を導入すればどんな会社になるのか、何が実現できるのかを伝え続けました。ワンカンパニーになるＨＯＹＡの全体像を見せながら、あなたたちの会社がどこに位置するのか、社員ひとりひとりがどうなるのか、一生懸命に伝えました。

ＷｈａｔとＷｈｙとは、新しい人事制度の目的と意義です。私が今でもこの2つにこだわっているのは、現場にこそ職務等級の必要性を理解してもらわなければ、上手くいかないと確信しているからなのです。ＷｈａｔとＷｈｙ、そして、会社の未来予想図を社員に納得してもらい、3年以上の時間をかけてようやく全世界統一の人事制度がスタートしました。

人事は経営者のエグゼクティブパートナー

鈴木社長は、人事制度に関しては原則すべて私に任せてくれました。職務等級を導入するとき、どのような仕組みで運用するか説明したときも、「面白い、とにかく今すぐやろうよ」と、私の背中を押し続けてくれました。

人事とは、経営者の言うことをそのまま伝えるのではなく、経営者の考えを翻訳しなければなりません。それが人事の仕事だと改めて思いました。経営者の考えを現場に分かりやすく伝え、社員自ら実行してもらうことが何よりも大切なのです。私は、人事部門の責任者、とくにＣＨＯやＣＨＲＯは経営者のエグゼクティブパートナーであり、エグゼクティブコンサルタントだと思っています。

対談

委員会設置会社における事務局としての学び

ＨＯＹＡは、日本でも委員会設置会社の仕組みをいち早く取り入れ、先駆的なコーポレートガバナンスを実現した企業である。有沢氏はその事務局を務め、コーポレートガバナンスと人事施策を連結する重要性を体感した。この点について、対談で掘り下げていく。

有沢　ＨＯＹＡは２００３年には委員会設置会社に移行していました。当時、社外取締役は５名で、みなさん日本を代表する素晴らしい経営者ばかりでした。

石山　まさに、オールジャパンの経営者の顔ぶれですね。

有沢　監査委員会、報酬委員会、指名委員会は社外取締役の５人だけ。会社内部の人間は基本的に委員会に入らない。この委員会が毎月あり、私は事務局長を担当し、社外取締役から徹底的に鍛えられました。

石山　具体的には、何が鍛えられましたか。

有沢　たとえば、社長の後継者計画です。指名委員会の委員長から、社長の後継者について尋ねられたとき、答えに窮したことで厳しく指導されました。そのときは本当に「お前は何も分かっていない」とあるべき姿を徹底的にご教授いただきました。

石山　社外取締役の存在はすごいですね。ただ、委員会の事務局を担当する以前から、有沢さんは後継者計画、つまりサクセッションプランの大事さを当然知っていたと思います。そのうえで、社外取締役から学んだ違いは何だったのでしょう。

有沢　そうです。もともと、銀行でもそれに近いことはやらせていただいていました。しかし「今の社長の次だけでなく、その次の次はどうするんだ。そういうことを考えるのが有沢さんの仕事だろう」と言われて、より明確に考えるようになりました。そのときガバナンスとコミュニケーションの大切さを痛感しました。

石山　なるほど、指名委員会以外については、どうだったのでしょうか。

有沢　社長や役員の報酬・賞与についても相当真剣な議論がなされました。その時に学んだのは，マーケットとの整合性やガバナンスの重要性ですね。

石山　日本でこれだけ社外取締役が機能していて、指名委員会が大きな権限を持つ事務局の経験は、なかなかありませんね。

有沢　当時では絶対にあり得ないと思っていました。ただその後カゴメに入社したときに、カゴメで報酬指名委員会や各種委員会を立ち上げてやってこれたのは、このとき、ガバナンスの大切さをいやというほど見せつけられたからです。

石山　有沢さんのこうした能力を活かすために、天が機会を与えているみたいですね。

有沢　本当にめぐり合わせですね。

統合の経験

ＨＯＹＡでは別会社との統合も経験させていただきました。銀行にいたときは人事部で合併の経験をしていましたが、事業会社ではもちろん初めての経験でした。もちろんですが、合併や統合においてはデューデリジェンスを経験いたしました。

対談

デューデリジェンスを担当できる人事

デューデリジェンスとは、M&A（買収や合併）などを行う場合に、投資対象の企業についてリスク、財務、収益などについて徹底した事前調査を行い、対象企業の経営と事業運営の実態を把握することを意味する。デューデリジェンスには人事デューデリジェンスも含まれ、人事施策、企業文化、社員の能力などを精査することになる。しかし、デューデリジェンスは主に財務、法務などについて実施されることが多い。有沢氏は、連結子会社化した企業について、人事面だけでなく財務面のデューデリジェンスも担当したが、これは人事プロフェッショナルのキャリアにおいて、珍しい例かもしれない。そこで、この点について、対談で掘り下げる。

有沢　この統合の際に、財務部から統合先の財務諸表を見せてもらって、私なりにデューデリジェンスをやりました。

石山　人事が財務のデューデリジェンスですか。

有沢　もちろん、財務部も財務としてしっかりとデューデリジェンスをやっていました。

石山　なぜ、人事の有沢さんが、財務諸表まで確認されたのですか。

有沢　財務諸表を見れば、企業の実態がよく分かります。人事にとっても相手先の企業の全体像を把握することは極めて重要です。つまり人事担当者として財務のことを理解していると、自社および相手先のお客様に対してのバリューチェーンが理解できますよね。

石山　人事担当者が複数の専門性を有することの価値については、まったく同感です。

有沢　人事のことだけを知っている人事担当者というのは、私の中では基本的にあり得ません。人事の専門性は重要ですが、人事以外の他のことは何も知らなくてよいわけではありません。営業も知っていなければならないし、財務もマーケティングも知っていて、そのうえで、人事の専門性を持ったエキスパートであることが重要だと考えています。だから、人事担当者たちへの勉強会を開催するときは、必ず財務やマーケティングも教えるようにしています。それが分からないと、人事担当者として、社内外のお客様への価値提供ができないと信じています。

次のキャリアを考え始める

合併も乗り切り、全世界共通の職務等級制度と報酬制度を導入しました。3年間で世界各国も日本のグローバル人事を信用してくれるようになり、HOYAでやるべきことはやり遂げました。これ以上やれば、後進は育たないと考えていました。そして後進に後のことを委ねることを決意し、次のキャリアを考え始めました。

5　AIU保険会社の人事改革

AIU保険会社入社の経緯

2008年秋、複数の会社からオファーをいただきました。特に熱心に声をかけてくれたのが、米保険最大手AIGグループの当時のAIU保険会社（現・AIG損害保険株式会社）でした。HOYAでは日本の製造業を経験しましたし、また金融業界に戻るのも悪くないと思い、2008年9月にAIU保険会社に入社しました。2008年がどんな年だったかお分かりでしょうか。そう、リーマンショックです。証券大手リーマン・ブラザーズの破綻に次ぎ、AIGグループは厳しい経営状況に置かれました。まさに青天の霹靂です。AIGグループは米国のFRB（連邦準備理事会）から巨額の公的資金が注入され、実質米国政府の管理下で経営再建が行われることになりました。私は、日米で巨額の公的資金を受け、業務改善命令を受けた希有な日本人になってしまったのです。

日本独自の人事制度の導入

入社早々、ＦＲＢの業務改善命令を受けました。

しかしこのような状況でも日本独自の人事制度を構築することに腐心しました。それと同時にＡＩＧグループにはＡＩＵ保険会社以外にも多くのグループ会社があり、統合が必要でした。今までも統合を経験し、もう二度とやりたくないと思っていたのに、私はまたもや、統合の人事を行うことになってしまいました。

そのうえで、人事制度構築を推進していきました。まずは、業績目標をバランス・スコア・カードですべて数値化していきました。バランス・スコア・カードの業績評価指標は、財務、顧客、社内プロセス、学習と成長の４つの指標で業績を評価する経営手法ですが、独自の指標も追加し、定量化していきました。このとき、すべてを定量化することを徹底的に鍛えられました。

一方で、人員に対する施策も行いました。役員も含め、多くの管理職に厳しい決断を伝えなければなりません。社員には、保険業界のナンバーワン企業で働いているという自負があります。そのプライドを保ちながらどう再生させていくか、とにかく東奔西走の毎日でした。このときも、現場の社員とは徹底的に向き合いました。給与や処遇は下がるかもしれない、でも仕事は変わらないし、損害保険業は社会に必要なインフラだと伝え続けて、仕事をしてもらいました。新卒採用も厳しい状況でしたが何とかこなしました。社員の人材育成に関しても、米国企業の仕組みを日本に合ったプランに融合させていきました。

ＡＩＵ保険会社での学び

ＡＩＵ保険会社では、筆舌に尽くしがたい苦労も少なくありませんでした。期せずして経営再建と統合の時期に入社しました。外資系ならではの、ドラスティックな考え方、また危機に際しても人を大切にする考え方、それが大きな学びでした。ＡＩＵ保険会社では海外と日本を融合する考え方を学んだと思います。海外本社からいろいろと言われて、それをどう日本として対応するかという点を学ぶことができました。

対談

人事の本質とは何か

ここでは、本章のまとめとして、有沢氏がそのキャリアで会得した人事の本質について、対談で掘り下げたい。

有沢　銀行、ＨＯＹＡ、ＡＩＵでは、常に経営と連携して仕事をしてきました。その中で、人事は、経営の中枢に触れ続けなければならないことを学ばせてもらいました。

石山　経営者と人事の協働ですね。

有沢　私が絶対に確信しているのは、人事とは機能ではなく、戦略だということです。

石山　人事は戦略、しびれますね。

有沢　人事は経営そのものなのです。３社のすごい経営者とともに変革した経験から嫌というほど教えてもらいました。だから、今、私がカゴメでやっていることは、これまで３社で学んできたことを結実させ、日本の伝統的な企業を変えようとすることです。それにみんなが共感してくれました。

日本的経営の枠組みから逸脱しない経営者では、危機管理やコーポレートガバナンスへの感受性が足りない。しかしそれを上回るすさまじい経営者と接して、危機管理やコーポレートガバナンスこそが経営の継続性であり、人事の継続性であると理解できました。

石山　人事の機能を重視する思考体系の中では、優秀な人事部長であっても、グローバルな統合や職務等級の導入を行う際に、継続性につながるコーポレートガバナンスまで意識するのは難しいように思います。

有沢　危機感覚を極めた経営者は、コーポレートガバナンスと継続性という考え方にいきつきます。最近でこそ、ＳＤＧｓやＥＳＧという概念が注目されるようになってきました。しかし、それは危機管理やコーポレートガバナンスに紐付く企業の継続性への意識であり、それこそがサステナブル人事です。危機管理やガバナンスを考えない人事の継続性はあり得ません。

石山　有沢さんが、人事として、危機管理やガバナンスを重視するポイントはどこですか。

有沢　考えてもみてください。たとえば、ハラスメントの問題がある。経営者が不祥事を起こすこともある。そうしたら、それはお客様にとって、許容できない企業文化の会社になってしまう。そういう意味では、人事がガバナンスについて、一番厳しくないといけないかもしれないですよね。

しかし、それは、性悪説で社員の管理だけを厳しくするということではない。ガバナンスがあり、コンプライアンスがあり、人材育成があり、グローバルの視点でものを考え、マトリックスで柔軟な思考を持つ、ということです。

石山　不祥事の際に、対症療法的に個別労務問題だけに注目することとは違いますね。

有沢　そうなんです。人事は、経営に深く関与し、社長にも提言できなければならないのです。そして、社長と一緒にハンズオンで（手も足も動かし）、新しい文化や考えをダイナミックに生み出すことです。それが、人事のイノベーションであり、だからこそ、ＣＨＲＯは経営者のエグゼクティブコーチと言えるのです。

第3章

カゴメの人事改革の背景

カゴメ株式会社提供

▼本章の概要とねらい

本章では、人事のプロフェッショナルとして歩み、カゴメに入社した有沢氏が、人事改革を推進するに至った背景が述べられる。有沢氏がそれまでのキャリアで会得した経験と能力が、いかんなく発揮されることになる。そのうえで、人事改革を進めるときに考慮すべき要点は何であるのかを明らかにしていきたい。

1　カゴメでの新たな挑戦

入社経緯

自分で言うのも憚《はばか》られますが、ＡＩＵ保険会社から転職しようと考えた際に、多くの会社から声をかけていただきました。その中に、カゴメのオファーがあったのです。正直とても驚きました。伝統的な日本企業のカゴメがなぜ私に声をかけてくれたのか、私は、早速話を聞きに行きました。会長、社長、副社長が直々に話をしてくれました。

当時のカゴメは、大きな業績の落ち込みもそれほど経験したことがなく「トマトといえばカゴメ」という安泰ムードが漂っていました。中期計画を立てているけれど、世界各国の人事制度はバラバラで、しかも会社全体にあまり危機感がないという課題認識を示されました。同時に、経営トップ３人だけが課題認識を持っていても、このままではいけないという強い危機感を抱いていました。

カゴメは、それまで一度も外部から人事責任者を採用したことがありませんでした。私のこれまでの経験を見て、グローバルに通用する会社にするため、経営から関わって根本的に人事を変えてほしいと言われました。とにかく現状を変えなければならない状態だったのです。何度か話を聞くうちに、カゴメで人事をするのもやりがいがあるかもしれないと思い始めました。私自身のキャリアとしても、金融、製造、外資と経験してきましたから、ここで、国内の伝統的な企業で人事を経験するのは面白いかもしれない。そう感じ、２０１２年１月、会社の歴史上、外部からはじめて登用される人事の責任者として入社しました。

オーストラリアのトマト畑

入社してすぐに、西秀訓社長（当時）に誘われ、一緒にオーストラリアの拠点に行きました。オーストラリアはちょうど夏で、トマトは収穫のシーズンを迎えていました。早速、トマト畑を見せてもらいました。海外の畑を訪れてまず感じたのは、そのスケールの大きさでした。見渡す

オーストラリアのトマト畑

出所）カゴメ株式会社提供

限りのトマト畑。それが地平線の向こうまで続いています。広大な畑には、収穫用のハーベスター（農業機械）と収穫用のトラックが何台も走っていました。私は、ハーベスターの横を走るトラックに乗せてもらいました。1日中、何台ものハーベスターがトマトを収穫していきます。ハーベスターで収穫されたトマトがトラックに入っていくさまは、まさに、除雪車です。時には、カンガルーまで飛んできます。圧倒されるほどの広大な景色に私は心を奪われ、地平線に夕日が落ちるトマト畑を見ながら、自分がトマトの会社に入社したことを実感しました。

2　世界の現場でファクトを把握する

まずはファクトを集める

カゴメでも、まずは、現場に足を運びました。半年間で、海外拠点と日本国内のすべてを回り、人事制度の実態を直接、把握することにしました。まずは、オーストラリアです。現地のＣＥＯ（チーフ・エグゼクティブ・オフィサー：Chief Executive Officer、最高経営責任者）に部下の部長たちの評価シートをみせてほしいと言うと、なかなか見せてくれないのです。出し渋るＣＥＯに何とか見せてもらうと、営業部長の第一目標が「Meet many people（多くの人に会う）」、結果は「Met many people（多くの人に会った）」。これに対して、ＣＥＯの評価欄には「Congratulations! You met many people（おめでとう。たくさんの人に会ったね）」というコメントと5段階のうちの最高評価が入っていました。見た瞬間、愕然としました。さらに、財務部長のものを見せてもらうと「Make many conversations with Japanese financial people（日本の財務部門と密接にコミュニケーションする）」、結果は「Made many conversations with Japanese financial people（日本の財務部門と密接にコミュニケーションした）」。ＣＥＯの評価は、推して知るべしです。即座に、これは人事評価ではない、とＣＥＯに言い渡しました。

２か月後、オーストラリアを再訪しました。当時、オーストラリアには人事部すらなかったので、まずは人事部を作らなければなりません。人事部長とマネージャーのなり手を探し、希望したのは２人の女性でした。私は、評価の基準となる考え方やツールをすべて説明し、彼女たちに人事を任せることにしました。後日談になりますが、グローバル人事制度を導入した2年後、一番進んでいたのは、オーストラリアでした。のちに、グローバル人事制度を海外展開していくときも、彼女たちがキーパーソンとして大活躍してくれました。

日本の人事部の存在が知られていない

この状況は、オーストラリアだけではありませんでした。アメリカではこんなことがありました。私がアメリカの拠点を訪問し、ローカルのＣＥＯに自分がこれからグローバル全体を統括する日本の人事担当だと挨拶しました。すると、ＣＥＯが「へぇ、日本に人事部があったんだ、日本の人事担当が来たことも会ったこともない」と言うのです。そのあと向かったポルトガルでは、評価シートすらありませんでした。どうやって賞与を決めているのか尋ねたところ、「うーん、フィーリングかな」と返答されてしまいました。

問題は海外拠点だけではありません。海外へ行っていない間は、日本国内の営業所、工場をすべて周り、300人以上の社員の話を聞きましたが、どの部署も、直ちに改善しなければいけない問題が山積みでした。この実態を経営に包み隠さず伝えようと決意しました。

3　経営陣からまず変わる

経営にファクトを突きつける

現場を回って半年後、私は、会長、社長、副社長の3役に現場の状況と今後の方向性についてプレゼンテーションを行いました。資料を開こうとする3人の手を止めて、私は開口一番「半年間回りましたが、一言で言うと、カゴメはスーパー・オールドファッションド・コンサバティブ・トラディショナル・ジャパニーズ・カンパニーです」と言いました。

3人は、「どういう意味？」という表情をされてこちらを見つめました。それに対して私は「要はあかんということです。はい、じゃあ資料をめくってください」と声をかけ、そこから、50ページにわたって、次々と国内外の実態とその問題を説明していきました。3人は信じがたい様子で、徐々に顔色まで悪くなっていきました。そして社長が、「これほんまか、ほんまか」と何度も言うので、こちらも「ほんまですよ」と答え続けました。

たとえば、日本の現状は、降格、降職、降級がないほぼ完璧な年功序列でした。一方、女性の課長はたった4人。それが全員、中途採用です。つまり、生え抜きの女性課長は誰もいない。同様に女性の部長は2人で全員、中途採用。そして執行役員、取締役の女性はゼロでした。正直ダイバーシティに関してはなかなかグローバル企業とはいえない状況でした。

さらに課題は評価制度でした。5段階のちょうど真ん中の評価（B評価）の比率が85％になっていた。これは評価といえるでしょうか。なぜそうなるかというと、評価がポイント制になっていて、B評価を4年取ると16ポイントになり、それで総合職の資格を1段階昇格できることが原因です。つまり、総合職のほとんどは毎年B評価で、それで4年で昇格していくわけです。

処方箋の提示

そしてトップ3人に、処方箋を説明しました。まず、人事評価のポイント制全廃で年功序列を廃し、年間の評語による人事評価は賞与のみに影響するものとし、昇格は内部・外部アセスメントや面接、小論文等による総合的判断で決めることに変更すること。さらにグローバル職務等級制度の導入、役員の評価制度の設定など、9つの処方箋を説明しました。そして、まずは、人事が一番大事だということを、中期計画の中に入れてほしいと伝えました。つまりトップから「人事制度が最も大事な経営戦略であることをはっきり内外に示してほしい」とお願いしました。

中期計画に人事制度が登場

２０１３－２０１５年度の中期計画「Next50」に、はじめて人事制度の項目が掲げられました。しかも、中期計画の最重要課題「Symbolic5」の最初に「グローバル人事制度の導入」と書かれていたのです（図３－１）。この事態に、社員たちは度肝を抜かれたと思います。なぜ「人事制度が一番重要」なのか、何があったのかと衝撃を受け、私を見る社員たちの様子を、今でも忘れられません。中期計画に人事が一番大事だということを入れるのは、経営との約束事でした。経営は約束を果たしてくれたのです。

このことは、これまでの人事施策を大きく転換することを、経営が認めたということでもあります。人材育成は不十分で、女性の登用もあまり積極的にやっていない、ダイバーシティもそれほど進んでいなかった。だから、これからすべて取り組むということを、経営自らが表明したのです。人事制度を一番進んだ制度にするために、あらゆることを行っていくことも経営は表明してくれました。もちろん、トマト事業カンパニー設立や農業振興の事業化も大事ですが、それよりも人事が上位の目標であることが、社員たちの一番の驚きだったのです。

経営トップがこれまでの制度や仕組みを大きく転換するということを認めることは、とても勇

［図３－１］13-15年度中期計画「Next50」における人事制度の位置づけ

13-15年度中期計画「Next50」における「Symbolic5」

自然を、おいしく、楽しく。 KAGOME

「Next 50」の中でもカゴメグループを挙げて最重点に取り組んでいく象徴的な課題として5つを設定し、「Symbolic5」と呼称。

【「Symbolic 5」の概要】

1. **グローバル人事制度の導入**
   →特に、①人事評価、②人材調達・育成、③ダイバーシティ・・・・の3課題に取り組む
2. **トマト・ディスカバリーズ**
   →トマトの価値を再発見・新発見する活動
3. **トマト事業カンパニーの設立**
   →グループ間の連携によってトマトの価値を向上させ、トマトの生産・加工・販売を独立高収益事業として成立させる
4. **農業振興の事業化**
   →「農」からの価値を創造する事業の展開
5. **事業所の価値創造拠点化**
   →国内外の各事業所が「顧客価値創造を実現する場」として変革

出所）カゴメ株式会社提供

気が必要だったのではないかと思います。経営が覚悟を持って表明してくれたことで、私はこの会社に未来があると確信しました。

第4章

カゴメの戦略人事改革

▼本章の概要とねらい

戦略人事とサステナブル人事は有機的に連結しているので、はっきりと区分できるものではない。しかしながら、グローバルを対象とした評価と報酬の仕組みは、主に戦略人事に位置づけることができよう。そこで本章では、カゴメにおける評価と報酬の改革を戦略人事改革と位置づけ、その詳細を明らかにしていきたい。

1 戦略人事の基本方針

インフラ構築から運用へ

グローバル人事制度を導入するために、２つのステージに分けて進めました（図4－1）。第１ステージは、グローバル化を推進するための基盤づくりです。すべての施策のインフラはグローバル職務等級で、ジョブ型への移行を最初に明言しました。ジョブ型は目的ではなくツールであり、また、インフラです。コア人材のサクセッションプランの策定も確立していきました。新しい人事制度を導入するときは、まず、インフラを整備して環境を整えなければなりません。

［図４－１］２つのステージ

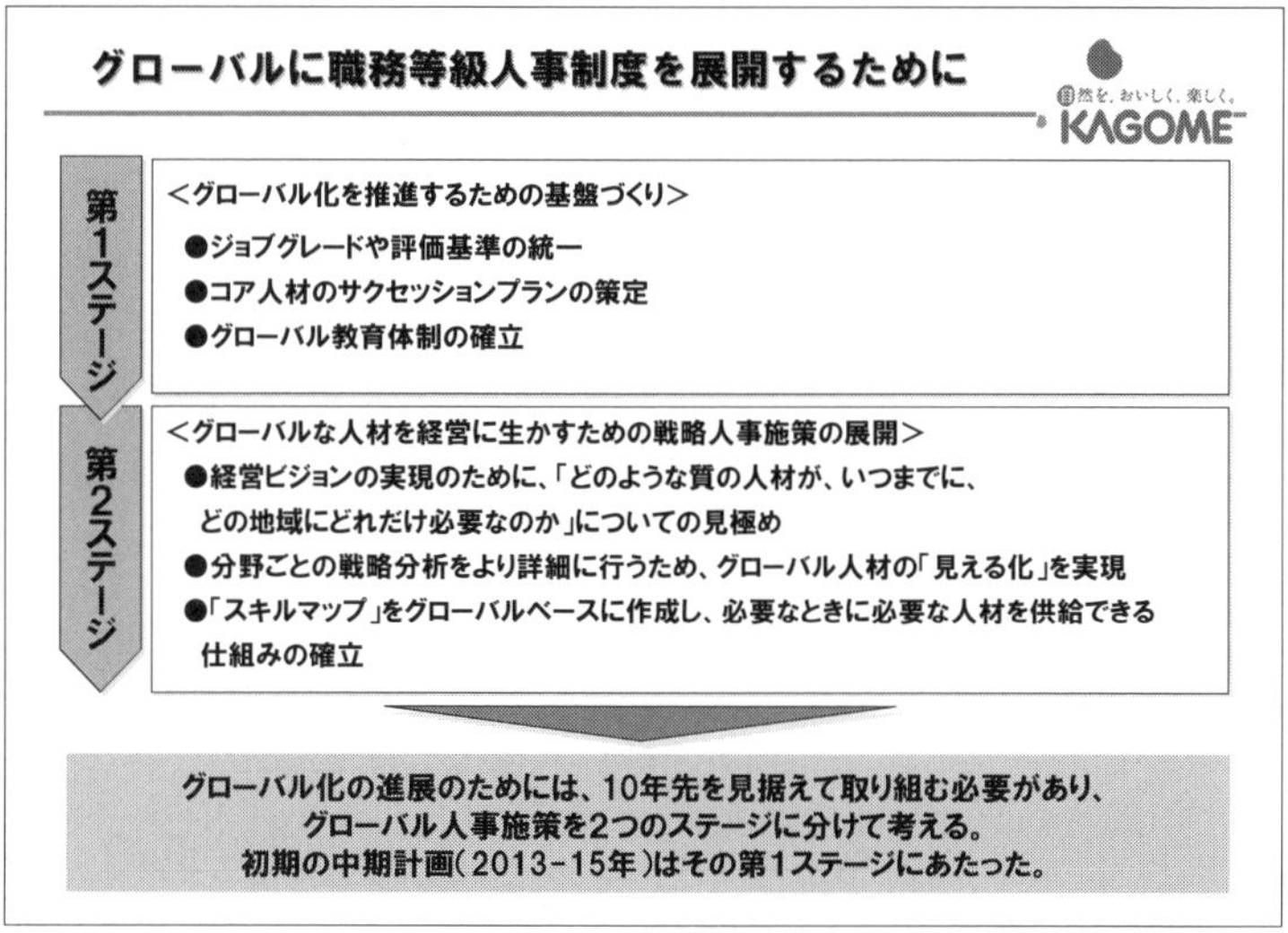
グローバルに職務等級人事制度を展開するために
自然を、おいしく、楽しく。
KAGOME
第1ステージ
<グローバル化を推進するための基盤づくり>
●ジョブグレードや評価基準の統一
●コア人材のサクセッションプランの策定
●グローバル教育体制の確立
第2ステージ
<グローバルな人材を経営に生かすための戦略人事施策の展開>
●経営ビジョンの実現のために、「どのような質の人材が、いつまでに、どの地域にどれだけ必要なのか」についての見極め
●分野ごとの戦略分析をより詳細に行うため、グローバル人材の「見える化」を実現
●「スキルマップ」をグローバルベースに作成し、必要なときに必要な人材を供給できる仕組みの確立
グローバル化の進展のためには、10年先を見据えて取り組む必要があり、
グローバル人事施策を2つのステージに分けて考える。
初期の中期計画（2013-15年）はその第1ステージにあたった。

出所）カゴメ株式会社提供

そもそもカゴメにはそのようなインフラがほとんどと言っていいほど整備されていませんでした。どんなに素晴らしい制度を作っても、インフラがなければ上手くいきません。何より社員の心がついてきません。銀行のときもＨＯＹＡのときも、まずはハードの部分の構築でした。

第２ステージは、グローバルな人材を経営に生かすための戦略人事施策の展開です。インフラであるグローバル職務等級を適切に運用していくためのソフト部分の拡充です。経営ビジョンの実現のための人材要件や各地域・事業でいつまでに必要かを見極めるため、人材の可視化を中心に取り組んでいます。

この導入を円滑に進めるためには、「上

［図４－２］３つのフェーズ

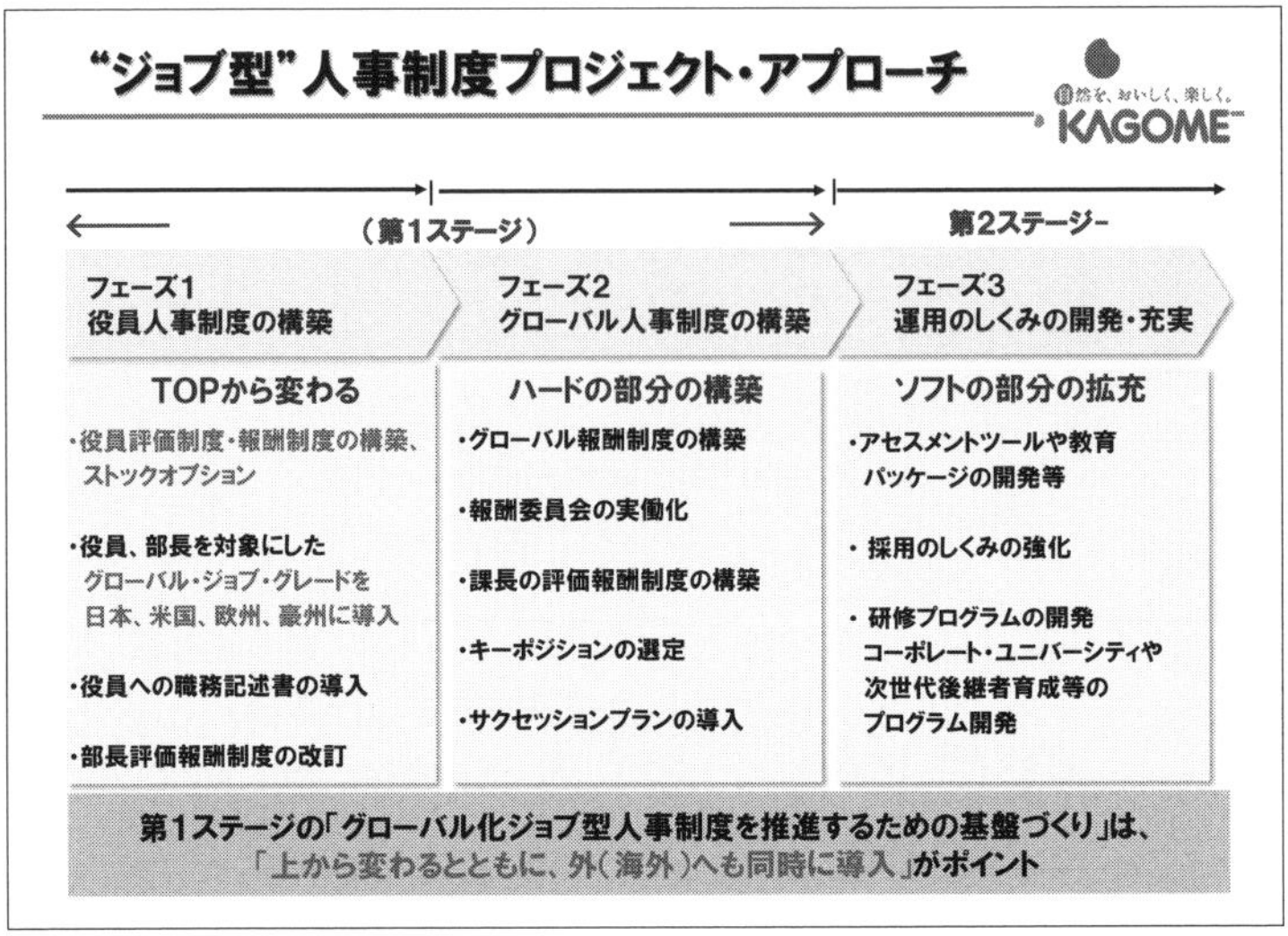

出所）カゴメ株式会社提供

から変わる」ことと「海外へも同時に導入」ということが要点でした。そこで図４－２にあるように、フェーズ１は「役員人事制度の構築」で、海外の改革にまず着手しました。そしてフェーズ２がハード部分の構築としての「グローバル人事制度の構築」、フェーズ３をソフト部分の拡充として「運用のしくみの開発・充実」と計画しました。

2　役員人事制度の構築

まずは役員から導入

グローバル職務等級制度は、まずは役員

から始めました。当時は、執行役員の評価制度がありませんでした。執行役員といっても、全員が同じ成果を出しているわけではありません。これはあり得ないと社長に伝え、まずは役員の評価制度を導入しました。

同時に、役員の固定報酬と変動報酬の構成比も変更しました。それまでの社長の報酬は、固定報酬80％、変動報酬20％でした。これではグローバル企業としてステークホルダーに説明がつきません。一般的に、役員の変動報酬の構成比が高いのは、会社の業績に責任を負っていることをステークホルダーに明確にするためです。これが、ガバナンスが効いているということのひとつなのです。まずは社長の報酬を、固定報酬50％、変動報酬50％に変更しました。さらに、変動報酬の3分の1は、会社の業績に責任を持つためにストックオプション（現在は譲渡制限付き株式）にしました。しかもこれは、3年後の業績が達成されていなければ実現できません。つまり、持続的に会社が成長することを前提に変動報酬の仕組みを変えたのです。現在の構成比は、私も含め、さらに厳しく設定しています。

公開することは経営の意思を伝えること

役員評価制度・報酬制度の新たな導入は、原則社員に公開するよう社長にお願いしました。私はこれまでの経験で、重要な経営情報は社員全体で共有すべきだと考えてきたからです。公開することは、経営の決断です。経営が決断することによって、経営の意思と覚悟が伝わります。社長が取締役会で覚悟を持って新しい役員評価・報酬制度の導入を宣言した瞬間、私はカゴメは変わると思いました。私も社長の決意に心を打たれました。同時に、これから社員に説明して納得してもらえれば、この会社でやっていけるかもしれない、いい会社に入ったかもしれないと確信したのです。

経営の意思が明確に示された瞬間、会社は変わります。だからこそ、まずは役員から変わり、それを公開することに意味があるのです。こうして、役員の職務等級制度と報酬制度のすべてを公開することができました。

対談

役員の報酬比率大公開

ここでは、人事改革の進め方として、まず経営陣（上層部）から行い、かつそれを広く公開する、という原則について話し合う。具体的には、役員報酬制度を公開するという劇的な方法であった。

石山　社内報で新しい役員報酬制度を公開しましたね。

有沢　社内報の「カゴメ通信」で「グローバル人事制度の導入」という特集の中で先の新しい役員報酬制度を掲載しました。

石山　どのような内容が公開されたんですか。

有沢　役員の報酬制度の改定で、役員の固定報酬と変動報酬の構成比を変更したんですが、その新しい固定報酬と変動報酬の比率を出しました。

石山　それはすごいですね。社員はどんな反応だったのですか？

有沢　社内報は、社内で一斉に配布されますが、社員は一様に「えっ！！」と食いついて、中身を見て、さらに「えっ！！」。大反響でした。口々に「有沢さん、これ、本当にいいんですか？」と聞いてきました。

石山　そうですよね、私も同じ反応をしそうです。

有沢　グローバル職務等級のすべてを公開していますから、何も問題はありません。ここまで公開すると、社員は経営も本気だと思うわけです。さらに、「有沢はとんでもないことをしでかすぞ」という合理的な期待も高まりましたね。

石山　新しい役員報酬制度が社内報にそのまま載るところがすごいと思います。

有沢　組織の心理的安全性も担保したんです。社内報を読んだ何人もの社員から「カゴメは本当に変わりますね」と言われました。私も思わず「変わっただろう」と答えました。役員報酬制度の公開は経営が本気で会社を変えようとしているメッセージとして伝わりました。

石山　有沢さんの話しやすい雰囲気というのも伝わりますね。

3　海外から始める

グローバル職務等級制度は、全世界同時に導入しましたが、正確には、海外から導入して、1年後に日本で導入しました。なぜなら、海外では職務等級が当然で、導入の理解が得やすいと考えたからです。そのうえ、海外で導入が成功すれば、「海外で導入できたのだから、日本でできないはずがない」との空気が生まれ、国内での導入が容易になるからです。主要な海外拠点であるオーストラリア、アメリカ、ポルトガルから導入し、その後、台湾、トルコと進めていきました。海外導入のエビデンスと成功体験の積み重ねで、導入は進んでいきました。

対談

いかに海外の人事部門を巻き込むか

海外に人事制度を展開するということは、もちろん容易なことではない。カゴメで、いかに海外にグローバル人事制度を展開していったのか、その実態を対談で掘り下げる。

海外拠点の反応

石山　グローバル職務等級制度を導入したとき、海外現地法人の人事部門は反対しませんでしたか？

有沢　むしろ、大歓迎でした。

石山　日本の人事部門が職務等級を統一するメリットは何でしょうか。

有沢　リーダーシップを取ってくれる安心感です。統一した職務等級に乗ずればいいので、海外現地法人の人事部門が独自に構築する必要はありません。

石山　うまく進みましたか。

有沢　オーストラリアから進めたのですが、その後は、オーストラリアの人事部門が伝道師となって、アメリカ、ポルトガルに展開してくれました。

石山　海外現地法人の人事部門が、お互いに主体的にやりとりしてくれることが理想的だと思うのですが、そのような状態になったのでしょうか。

有沢　日本の意図を十分理解したオーストラリアの人事部門が積極的に進めましたから、細かな指示はしていません。海外拠点はカゴメグループの一員ですが、独立したカンパニーです。自分たちで組織を作っていく喜びを知ってほしかったのです。

石山　海外人事部門の自律性が高まりますね。

有沢　一方で、年に1回、全世界の人事担当者を集めてグローバル人事ミーティングを実施して一体感も持てるようにしています。これをきっかけに人事担当者は世界中で連絡を取り合うようになりました。

石山　そこまで自律的に動いてくれるとは、海外人事担当者のネットワーク構築が他社と大きく違いますね。

有沢　日本の人事部門は、海外拠点の主体性を尊重しつつ、カゴメとしてのポリシーを出して一体感を醸成する役割です。

石山　主体性と一体感のバランスが重要ですね。

有沢　私たちはカゴメの人事ファミリーと呼んでいます。海外の人事担当者たちが成長してくれたのは嬉しいことですが、最近は、海外に来なくても大丈夫と言われて、少し寂しい思いをしています。

石山　これは、日本企業で起こりがちな問題なのですが、海外現地法人のＣＥＯの報酬は、日本の人事部門では手をつけられなくて、事実上、海外の都合で運用されてしまうという事例が散見されます。

有沢　職務等級が全世界で統一されていれば、運用できるはずです。ただ、そのためには現地に行って、現地の社員の話を徹底的に聞かなければなりません。

石山　それができる日本の人事担当者は、まだまだ少ないかもしれません。

有沢　私は日本の人事責任者ですが、同時に海外の人事担当者（ＨＲビジネスパートナー：ＨＲビジネスパートナーの詳細は第６章で述べる）は私だと思っています。だから、海外のマネージャークラス以上とは、毎年必ず全員と直接面談をしています。海外のＨＲビジネスパートナーならそれくらいやらないといけません。

石山　現地に行かないと分からないこともありますよね。現地との信頼関係を築く工夫はありますか。

有沢　そのとおりで、積み重ねが信頼関係につながりますが、現地のお困り事を解決するために、いろいろ持って行きますね。現地に出向する社員のために現地で調達しにくい日本のものを持っていきました。セネガルのときは、わざわざ航空会社に許可をとって、木工用ボンドを持っていきました。

石山　木工用ボンド！　それは、何のためですか。

有沢　課長になったばかりの30代の社員に頼まれたのですが、4階建てのセネガルの事務所の屋上に連れていかれました。屋上に行くと、鳩がたくさんそこに来て、コンクリートの表面の下の部分が美味しいらしくてそこをつついて、食べてしまうらしいんですね。それで屋根が破損し雨漏りしていたのです。それでそこに木工用ボンドを入れて修繕しなければいけないみたいで、本当に困っていました。そのときも航空会社の許可をもらい1キロ近くの木工用ボンドをもっていったのですが、次はもっともってきてください、と言われました。

石山　それはすごい。それにしても、有沢さんは、駐在員とは気軽に頼られる間柄なんですね。

有沢　自慢ではありませんが、国際事業部門の社員ほどではありませんが、頼まれやすい人間だと思います。これは、現地の食が大丈夫、ということがあるかもしれない。現地の食を理解すると、駐在員の健康面に配慮できるのです。イスタンブールならサバ、リスボンならイワシ。これはこれでいい。ただ、セネガルはチェブジェン。これは破砕米に魚、野菜と豆のスープをかけたものですが、主食なので、これが多くなる。これが毎日続くと、健康面に配慮しなきゃ、と思いました。人事とは、そういう積み重ねです。

4　グローバル人事制度の構築

頑張れば報われる制度にする：3つのP

グローバル人事制度のポイントは、「ペイ・フォー・ジョブ：Pay for Job」（年功型から職務型等級制度への移行）、「ペイ・フォー・パフォーマンス：Pay for Performance」（より業績／評価と連動した報酬制度への改革）、「ペイ・フォー・ディファレンシエーション：Pay for Differentiation」（メリハリを付けた明確な処遇の実現）の3つのPです（図4－3）。グローバルに勝てる会社の人事制度は、まずこの3つだと考えました。手前味噌ですが、この3つのPはシンプルで分かりやすく、とても気に入っています。私が社内で暗示のように言い続けたので、今では結構カゴメ社内で浸透していると思います。

それまでのカゴメの人事評価は、完全な年功序列でした。たとえば、当時、総合職の等級は4段階で、各等級を4年経験し、4×4年の16年経てば「課長になれる可能性が出てくるという仕組み」になっていました。年間の人事評価は、S＝6ポイント、A＝5ポイント、B＝4ポイント、C＝2ポイント、D＝1ポイントで、累計16ポイント獲得すると、次の等級に昇格できるポ

［図4－3］ 3つのP

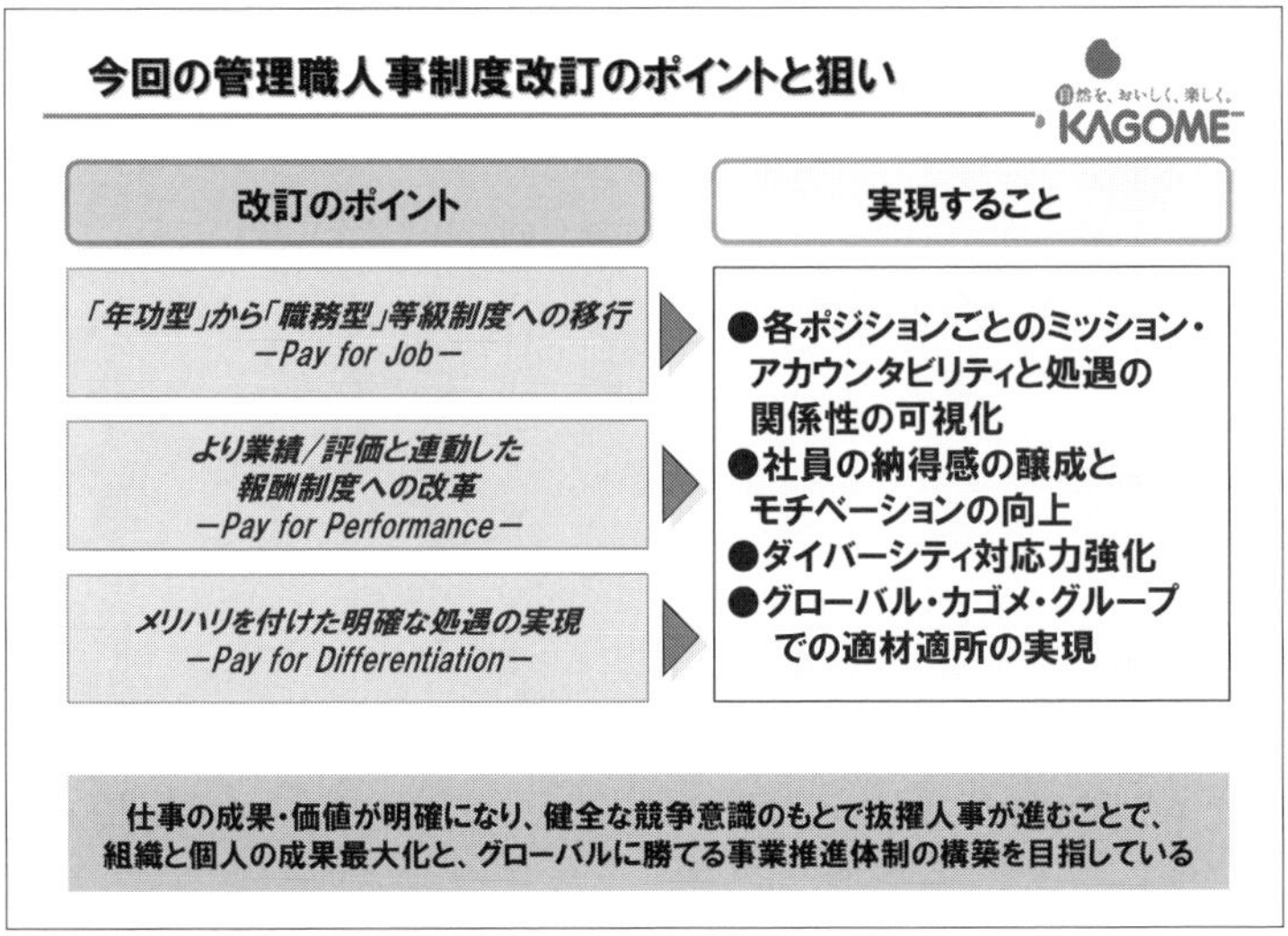
今回の管理職人事制度改訂のポイントと狙い
自然を、おいしく、楽しく。
KAGOME
改訂のポイント
実現すること
「年功型」から「職務型」等級制度への移行
－Pay for Job－
より業績/評価と連動した
報酬制度への改革
－Pay for Performance－
メリハリを付けた明確な処遇の実現
－Pay for Differentiation－
●各ポジションごとのミッション・アカウンタビリティと処遇の関係性の可視化
●社員の納得感の醸成とモチベーションの向上
●ダイバーシティ対応力強化
●グローバル・カゴメ・グループでの適材適所の実現
仕事の成果・価値が明確になり、健全な競争意識のもとで抜擢人事が進むことで、
組織と個人の成果最大化と、グローバルに勝てる事業推進体制の構築を目指している

出所）カゴメ株式会社提供

イント制です。社員の85％がB評価でC評価は数人、D評価に至ってはそれまでカゴメ史上一度もつけられたことがないらしく、同期なら同じように等級が上がっていました。つまり、どんなに優秀な人材でも、16年たたないと課長に昇進できない仕組みになっていました。横並びの昇進に合わせるために、ある管理職は「部下の一生に関わるので本来の評価をつけられない」と嘆いていました。これは現場のせいではありません。この仕組みを運用させた経営の責任です。だからこそ、「頑張れば報われる」という当たり前のことを現場に伝える必要がありました。

3つのPとは、ポジションのミッションと役割、仕事の責任範囲を明確化し、その仕事に対して報酬を明示するということです。グローバル職務等級は課長以上の全ポジションが管理職以上の全社員に公開されています。これによって、社員の納得感が醸成され、モチベーションが上がります。これが公開されていると、健全な競争意識が生まれ、社員の納得感がある抜擢人事を遂行できるのです。これが可能となれば、自然と、グローバル・カゴメ・グループの適所適材が実現します。

職務評価指標

グローバル職務等級（ジョブ・グレード）は役員も含めると17等級ほどあります。基本的には「知識・経験」「問題解決」「達成責任」の3要素を、さらに8項目に分解した評価指標で職務を評価します。この評価結果から職務の大きさを算出し、各ポジションを格付けしています（図4－4）。具体的には、専門性や指揮命令系統と権限、組織としてどの程度の成果を期待しているのかなどです。これらがすべて計算でき評価できるようになっています。

全世界、全事業の全ポジションを格付けすることで、縦割りの部門間の差がなくなりました。さらに、これも管理職以上の全社員に公開されています。新しいポジションができれば、その職務等級が設定されます。

なお、海外拠点に対しては、担当職への適用も含め、職務等級の運用はすべて現地に権限委譲

［図４－４］職務評価指標

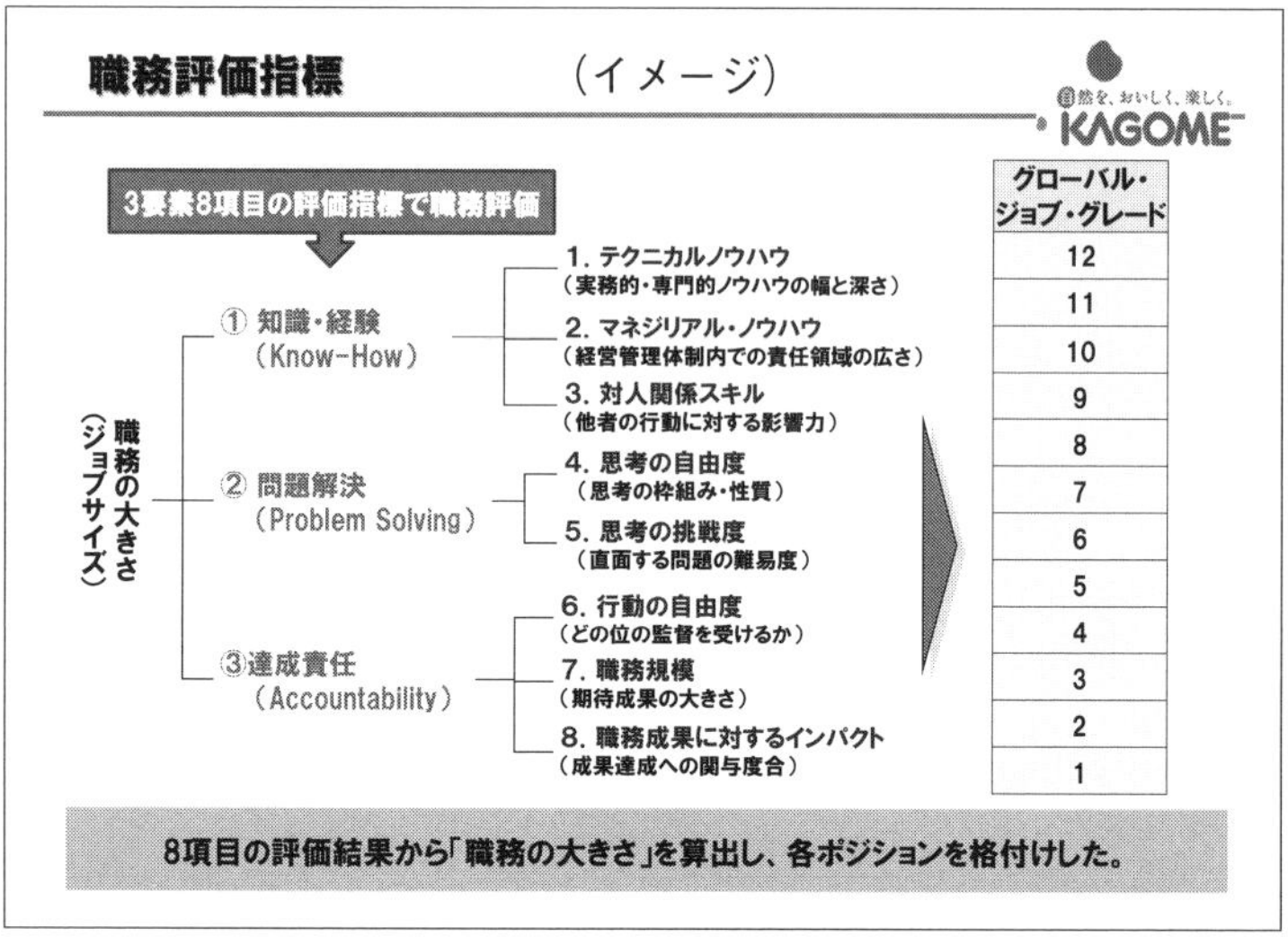

出所）カゴメ株式会社提供

しています。たとえば、日本が関与するのは、各国のトップであるCEOの報酬のみです。

5　日本でグローバル職務等級の実効性を高める

一般社員（担当職）には職務等級を導入しない

グローバル職務等級は課長職以上の管理職層のみが対象で、担当職（一般社員）層には導入していません（図4－5）。これには理由があります。

担当職に導入しないと決めたのは、現場の実態の反映でした。カゴメでは担当職は、

［図４－５］グローバル職務等級（ジョブ・グレード）の対象範囲

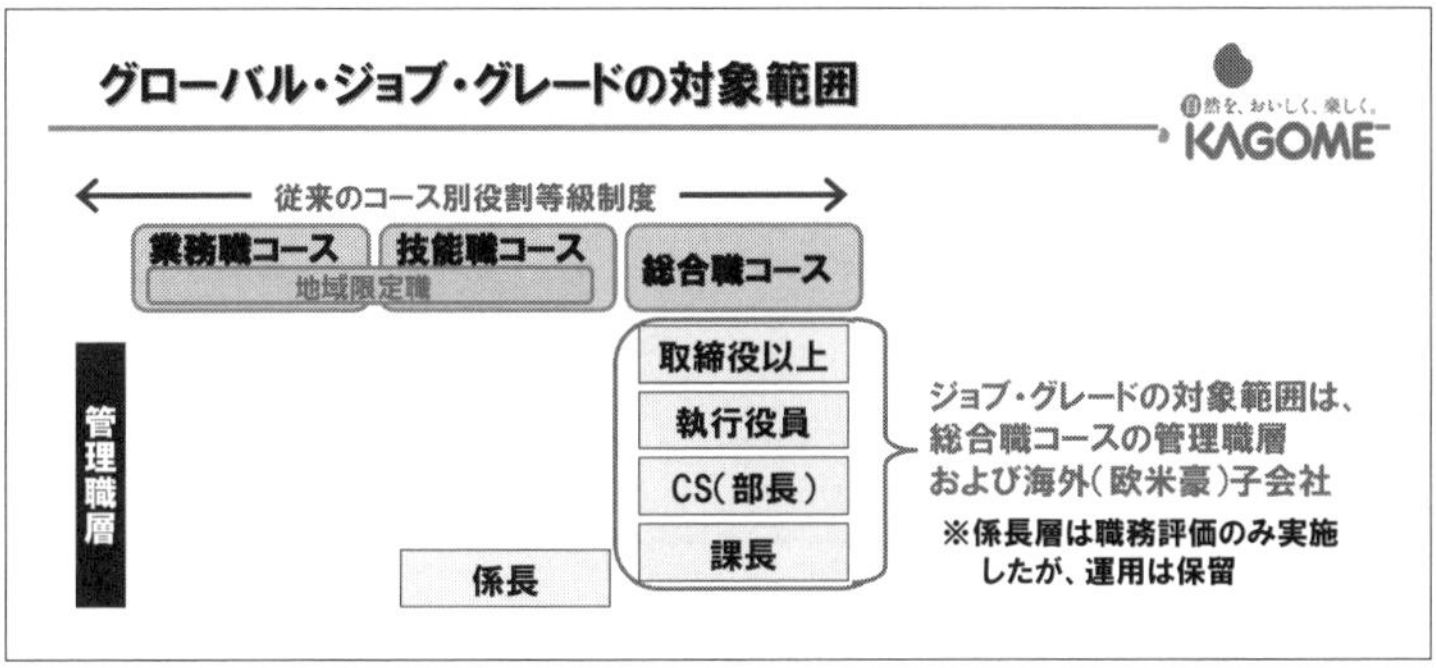

出所）カゴメ株式会社提供

他部署や多職種と連携してさまざまな仕事をしていました。そこで、職務範囲を広げ、多様な経験を積むことで職務遂行能力を高めていたのです。そこにグローバル職務等級を導入すると、その成長を阻むことになりかねません。社員の成長を阻害する制度を導入する必要はないと考えたのです。実は、担当にグローバル職務等級を導入しないと宣言したとき、労働組合からもその理由を尋ねられましたが、これを説明したところ、至極納得してくれました。

一方、私が銀行にいたときは担当職にも職務等級を導入しました。銀行の業務は、係単位で仕事が決まっており、それぞれの係の職務内容が非常に明確だったからです。HOYAも同様に担当職に職務等級を導入しました。事業部ごとに業務が明確だったからです。職務等級は、社員の仕事の特徴を見極めて導入しなければなりません。

ジョブ型の誤解：職務記述書はマストか？

多くの日本の人事は、ジョブ型には職務記述書が必要だと思っています。そのため、職務記述書を書くことが目的になり、それができればジョブ型を導入できたと勘違いしているように思えます。

カゴメにはいわゆる職務記述書はありません。銀行でも、ＨＯＹＡでも職務等級制度を導入しましたが、職務記述書は作りませんでした。これには理由があります。たとえば、銀行は出店地域によってそれぞれ特徴があります。住宅街にある支店と都心の支店では、取引先も融資額も大きく異なり、支店ごとに融資係の職務等級が異なります。しかし、融資係の職務自体は「社会全体や企業・個人の発展のために健全な貸し出しを行うと同時に、預金者保護のために回収に努めることとする。そして債権者に対して一緒に未来を見ながら経営の支援を行う」ことが職務そのものだと信じています。つまり、支店の融資係ごとに職務記述書を作ったとしても実質的に意味がないと考えたからです。

ジョブ型の誤解：単に職務等級を導入しても年功序列はなくならない

２０００年代後半、金融業界では続々と職務等級制度を導入しましたが、うまく機能しなかった例も多かったと記憶しています。なぜなら、職務等級制度を導入しながら、年功序列も残したからです。私も、銀行で職務等級制度を導入しましたが、導入と同時に年功序列を是正したことで成功しました。ＨＯＹＡで職務等級制度を導入した際も、年功序列を撤廃しました。

実は、カゴメも当初は先にお話しした原則ポイント制による年功序列制でした。では、なぜカゴメでは年功序列をなくすことができたのか。それは、グローバル職務等級で、職務に値段をつけ、ひとりひとりの職務に合った配置を行ったからです。これによって、勤続年数や年齢に関係なく、「この仕事にふさわしい人は誰か」という視点が生じました。

ただ、すべての仕事に値段をつけたら、職能給との逆転現象が起き、年収や職務等級が下がる人が出てきました。これに対しては、実質３年間の激変緩和措置を講じて段階的に下げました。

職能資格制度から職務等級制度を導入する際は、一気にやらなければ、年功序列が残ってしまいます。ただし、年収減に関しては段階的に解消し、再び昇給・昇格できるということを社員に丁寧に説明すればよいのです。

労働組合が導入に反対する

職務等級制度を導入するとき、労働組合の強い抵抗に苦慮する会社も少なくありません。なぜなら、労働組合は従来の職能給を基準と考えるケースが多く、ペイ・フォー・パフォーマンスによって処遇の差が大きくなることを危惧していることが多いため、と考えています。中には、人件費削減のために制度を導入するのではないかと疑心暗鬼になる人もいます。しかし、それは大きな誤解です。

カゴメでも当初は労働組合で抵抗を示されました。ペイ・フォー・ディフェランシエーション（メリハリを付けた明確な処遇の実現）によって、処遇の差が開いたので、不安を感じていました。この抵抗を払拭するために、導入する必要性について何度も説明会を開きました。特に、処遇の増額分と減少額は全体で同額になるということで「この新しい制度は人件費の削減ではなく、人に対する投資の再分配である」ということを示し、社員には不利益変更ではないと納得してもらいました。こうしたエビデンスを示せば、労働組合の強い抵抗感を払拭することができます。

グローバル職務等級を公開する効果

まず日本のグローバル職務等級を公開し、課長以上の社員はすべて見ることができます。たとえば、こんなことがありました。私は、海外のＨＲビジネスパートナーなので、社員の異動希望についてよく話を聞いています。アメリカの営業部長に、次の異動希望を聞くと、東京支社営業第一部長をやりたいと申し出ました。なぜなら、彼は日本語ができませんが、それが問題ではなく、東京支社営業第一部長のほうが、職務等級が上だからです。オーストラリアの工場長に異動希望を聞くと、那須工場長を希望しました。彼の職務等級のさらに上は、那須工場長だからです。

数年後には、これらの希望が叶っているのではないかと思っています。

カゴメでは、異動の希望は自己申告できます。グローバル職務等級を公開すれば、社員自身で、次に異動したいところを考えるようになります。海外では、特にその傾向が強いので、自ら抜擢してもらいたいと自己申告してくるのです。こうして、健全な競争が生まれ、抜擢人事が可能になるのです。そのため、グローバル間の異動も、会社が主導する必要がなくなるのです。

もちろん、異動で職務等級が下がることもあります。しかし、それはキャリアの一時待機だと伝えています。自らが希望するキャリアに異動したいとき、場合によっては職務等級が下がることもあるのです。その後の異動で、職務等級が再度上がったことを見れば、誰もがその社員の頑張りを認めます。ジョブ・グレードが一時的に下がることを恥ずかしいことと思わない文化を作ることはとても大切です。

職務等級制度の本来の目的はキャリア自律

グローバル職務等級の公開によって、社員の安心感や納得感が得られると、組織の心理的安全性が高まります。しかし、それだけが目的ではありません。社員ひとりひとりが、今、自分がどのポジションにいて、今の職務等級を上げるために、次に何を目指せばよいかが分かると、社員自らが自律的にキャリアの未来予想図を描けるようになります。つまり、職務等級制度の本来の目的は、社員が主体的に自身のキャリアを考える「自律的なキャリア形成」を支援し、成長を促すことなのです。

対談

実態に合った職務等級制度の導入

ここでは、さらに職務等級の本質を、対談で掘り下げていきたい。

年功序列を温存しない

有沢　銀行時代、おそらく業界で初めて職務等級制度を入れました。

石山　銀行業界で、最初に職務等級制度を導入できたのはすごいことですね。

有沢　しかも、その制度はまだ残っています。しかし、当時の他行で職務等級制度を導入したもののうまくいかなかった例もいくつか伺いました。

石山　なぜうまくいかなかったのですか。

有沢　これは個人的な意見ですが、職務等級制度は入れたものの、基本的な年功序列は変えなかったからではないかと思います。それで、制度がうまく運用できなくなったのだと思いました。

石山　職務等級制度は入れるが、年功序列は守るというのは、むしろ日本企業の典型例かもしれませんね。それだけ、実質的に年功序列を廃止するのは難しい。たとえば、制度的に滞留要件をなくして昇進に必要な期間を短くしても、現場が実質的に年次順に昇進する慣行を止めなければ、なにも変わらない。どのように、年功序列を廃止してしまうのでしょうか。

有沢　報酬の激変緩和措置は行うが、一気に変えてしまうということです。大概、職能から職務に変更するのに数年かける。一般的にはどうしても既得権を守ろうとするから、それだけ時間をかけると、結局、年功序列が残ってしまう。そんな隙を与えないことが大事なのです。すべての仕事に値段をつけるので、その時点で、年収が下がる人が出てくることは避けられません。しかし基本は年齢・性別・国籍、一切関係ないと示すことが重要なのです。激変緩和措置はしますが、どちらにしても相当な抵抗があちこちから出てきます。そこで、今までの話と重なりますが、取締役会にも付議し、承認を取り、経営トップが年功序列廃止を後押ししてくれることが重要なのです。

職務記述書はつくらない

有沢　今、日本企業はジョブ型ジョブ型と言って、職務記述書を作成し、それが大変だと言っています。ジョブ型イコール職務記述書と言いますが、私は反論したい。そもそも、何のために職務記述書をつくるのですか、と。

石山　有沢さんが、職務記述書をつくらなくていいという着想に至ったのは、どうしてですか。

有沢　私は銀行でも、ＨＯＹＡでも、カゴメでも、職務記述書はつくっていない。着想は銀行の時です。当時、導入に協力してくれた人事コンサルティング会社は、その会社の職務評価システムに基づいて、職務記述書を作成するべきと主張してきました。しかし、融資課長の仕事は同じ職務記述になるが、支店ごとに融資先の違いで重みがまったく違う。さらに、同じ支店の融資課長の融資先は1年で激変するので、毎年、職務記述書の内容を変えないといけない。そんなの本末転倒ではないかと主張し、人事コンサルティング会社と激しくやりあいましたが、とうとう職務記述書を作成しないことを認めてもらいました。

社員の成長を阻害するような職務等級は不要

石山　カゴメではどのように進めたのでしょうか。

有沢　銀行とカゴメでは、職務等級の仕組みが違います。カゴメに入社して現場で話を聞いて、銀行と同じ仕組みではうまくいかないと思いました。

石山　なぜカゴメではうまくいかないのでしょうか。

有沢　銀行は、外国為替係、融資係、渉外係、営業係などの係単位で仕事が分かれており、係ごとに業務が細分化されています。そのため、担当職は係を異動することで、職務経験を積んでいます。一方、カゴメは、その職にいながら異動せずにさまざまな部署と連携しながら、プロジェクトマネジメント単位で職務経験を積んでいました。つまり担当職に対しては、銀行は職務が明確に規定されるので職務等級を導入しましたが、カゴメでは担当職に導入せず、管理職以上だけにしました。

石山　職務等級によって、業務の幅が狭くなることを危惧されたんですね。

有沢　おっしゃるとおりです。担当職に職務等級を導入すれば、これまでのように幅広い仕事を経験できず、成長の阻害要因になりかねません。

石山　そもそも、人事コンサルティング会社の職務評価システムについても、定義される職務等級の内容、幅に違いがありますね。

有沢　人事なら、各コンサルティング会社の職務評価システムの違いも含めて理解しておかねば、自社に適した職務等級を導入することができず、会社をつぶしかねません。職務等級制度については、人事プロフェッショナルとして深く理解し、そのうえで責任を持って経営に説明する。これが人事の矜持ではないでしょうか。

6　戦略人事の要点

10年先を見据える人事制度改革のプロセス

２０１２年に入社して、10年先のカゴメを見据えて人事制度改革のプロセスを考えました。２０２２年にカゴメがどうありたいというミッションから逆算し、すなわち「将来のあるべき姿を現在価値に引き直した」うえで、最初の3年でやることを進めてきました。

人事改革をするなら、先にお話ししたようにまずは、役員の評価制度・報酬制度を変えようと考えました。評価や報酬は上から変えなければなりません。下から変えるのは私に言わせれば間違っていると思います。上から変えると同時に、海外にも導入することが大切です。

対談

戦略人事の全体像

ここでは、戦略人事の全体像をどう俯瞰すべきかについて、対談で掘り下げていきたい。

すべてはつながっている

有沢　グローバル職務等級人事制度は、カゴメの戦略・ビジョンを実現するための人事戦略です。これが基盤となり、それがすべての施策に波及します。そして、これらが機能しているかどうか、現在は年１回の社員エンゲージメントサーベイでもチェックしています。

石山　この全体像（図４－６）を見ると、グローバル職務等級人事制度のハードとソフトを分かりやすく把握できますね。戦略と従業員サーベイのつながりがよく分かります。

有沢　ハードとソフトが現場で有効に運用されているかをモニターするのが、ＨＲビジネスパートナー（詳細は６章で後述）の役目です。

石山　この全体像を見ると、ＨＲビジネスパートナーが経営目標の中核であることがよく分かります。

WhatとWhy

有沢　新しい制度を導入するとき、社員には施策の位置づけと意義を必ず説明します。なぜなら、何をやるのか（Ｗｈａｔ）、なぜやるのか（Ｗｈｙ）を伝え、それが実現できればどうなるのかを理解してもらうためです。

石山　ＷｈａｔとＷｈｙを説明することで、全体像の解像度を上げるのですね。

有沢　そのとおりです。まずはインフラが必要で、インフラを支えるために人材育成が必要になるという流れが一枚で分かるようになっています。

石山　それが、人事戦略のブラックボックスを解き明かしていきますね。

有沢　グローバル職務等級制度でやるべきことを整理するためには、すべて構造化して考えるのです。社員に説明するときは、できるだけ簡単に、誰が見ても分かるよう、さらに、一目で分かるようにすることが重要です。とにかくやるんだという号令だけではうまくいきません。

石山　社員にやるべきことの道筋をつけられますね。

有沢　人事部門の役目は、経営戦略を分かりやすく現場に伝えることです。

石山　この図（4－6）ですが、全体のつながりと時系列が同時に入っているのでとても分かりやすいです。

［図４－６］グローバル人事の制度の全体像

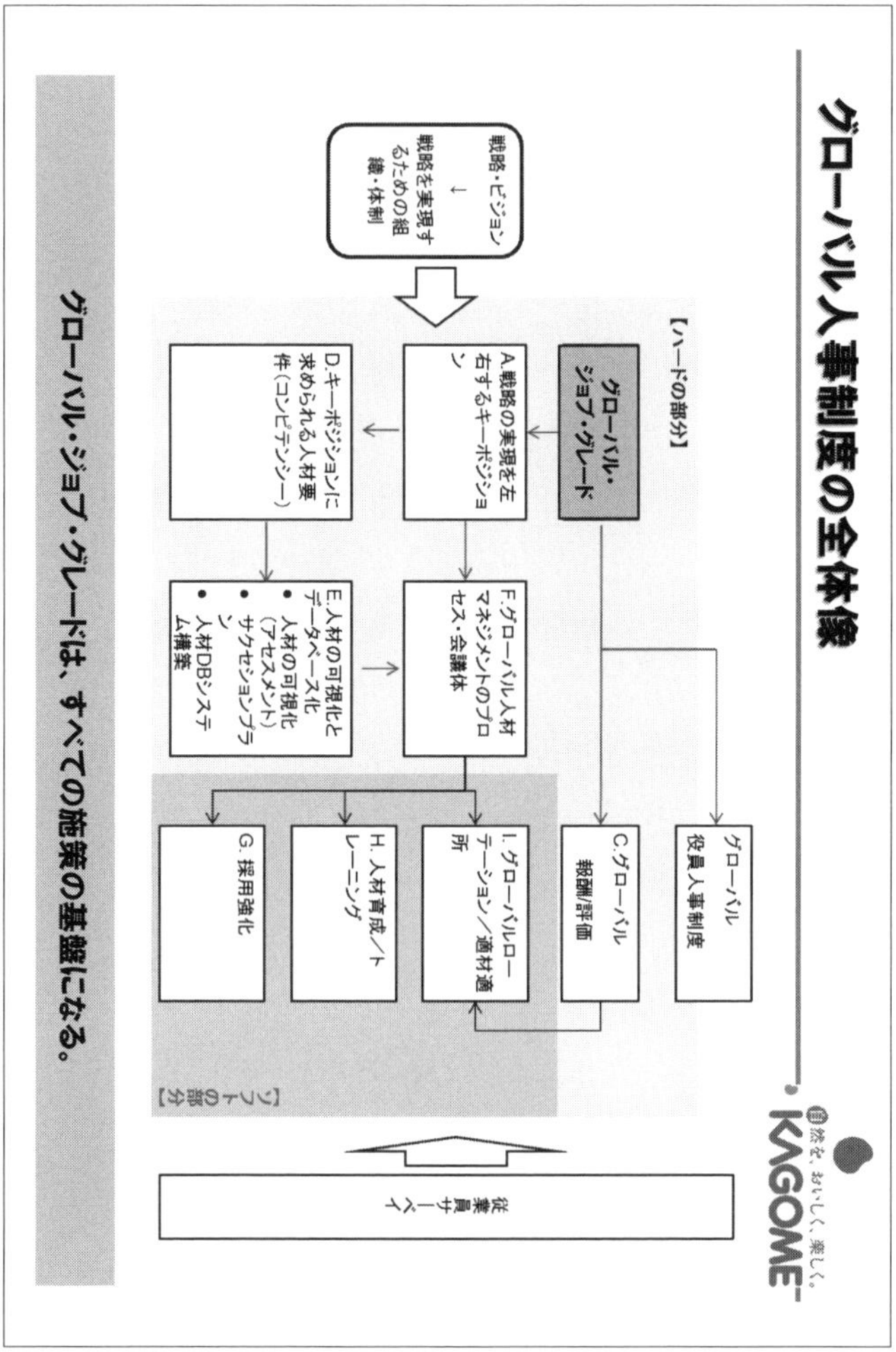
グローバル人事制度の全体像
【ハードの部分】
グローバル・ジョブ・グレード
戦略・ビジョン
↓
戦略を実現するための組織・体制
A.戦略の実現を左右するキーポジション
D.キーポジションに求められる人材要件（コンピテンシー）
F.グローバル人材マネジメントのプロセス・会議体
E.人材の可視化とデータベース化
● 人材の可視化（アセスメント）
● サクセションプラン
● 人材DBシステム構築
グローバル役員人事制度
C.グローバル報酬/評価
I.グローバルローテーション／適材適所
H.人材育成／トレーニング
G.採用強化
【ソフトの部分】
従業員サーベイ
KAGOME
自然を、おいしく、楽しく。
グローバル・ジョブ・グレードは、すべての施策の基盤になる。

出所）カゴメ株式会社提供

有沢　入社して現場で徹底的に話を聞きました。そして、10年後の２０２２年を見据えて逆算して考えた戦略をまとめました。

石山　これは、金太郎飴的な横並びの正解としての戦略人事ではなく、カゴメの独自性を考慮し、考え抜かれた戦略人事ですね。正解を真似するのでなく、独自に自社にあわせて考え抜くことは、戦略人事のあるべき姿だと思います。

第5章

カゴメの生き方改革（サステナブル人事の実現）

▼本章の概要とねらい

カゴメの人事改革の特徴は、戦略人事の導入に終わることなく、サステナブル人事を実現していることにある。それがまさに生き方改革であろう。第1章で述べた、三方よしの限界を超える、四方よしの「働き手よし」、六方よしの「作り手よし」に示されている社員を重視する姿勢が体現されたものだろう。本章では、生き方改革の詳細を明らかにしていきたい。

1　生き方改革の目的

今、「働き方改革」という言葉が流行しています。しかしそれはあくまで「会社の論理」だと私は思います。社員の視点に立てば、「暮らし方改革」、つまり自分で自分の働き方やキャリアを決められる、ということです。本当の意味で多様な働き方を考える場合、働き方改革と暮らし方改革をマッチングさせることが重要です。カゴメではそれを「生き方改革」と呼んでいます（図5－1）。

カゴメにおける「働き方の改革」とは、簡単に言えば労働生産性の向上を指します。これには

［図５－１］カゴメの生き方改革

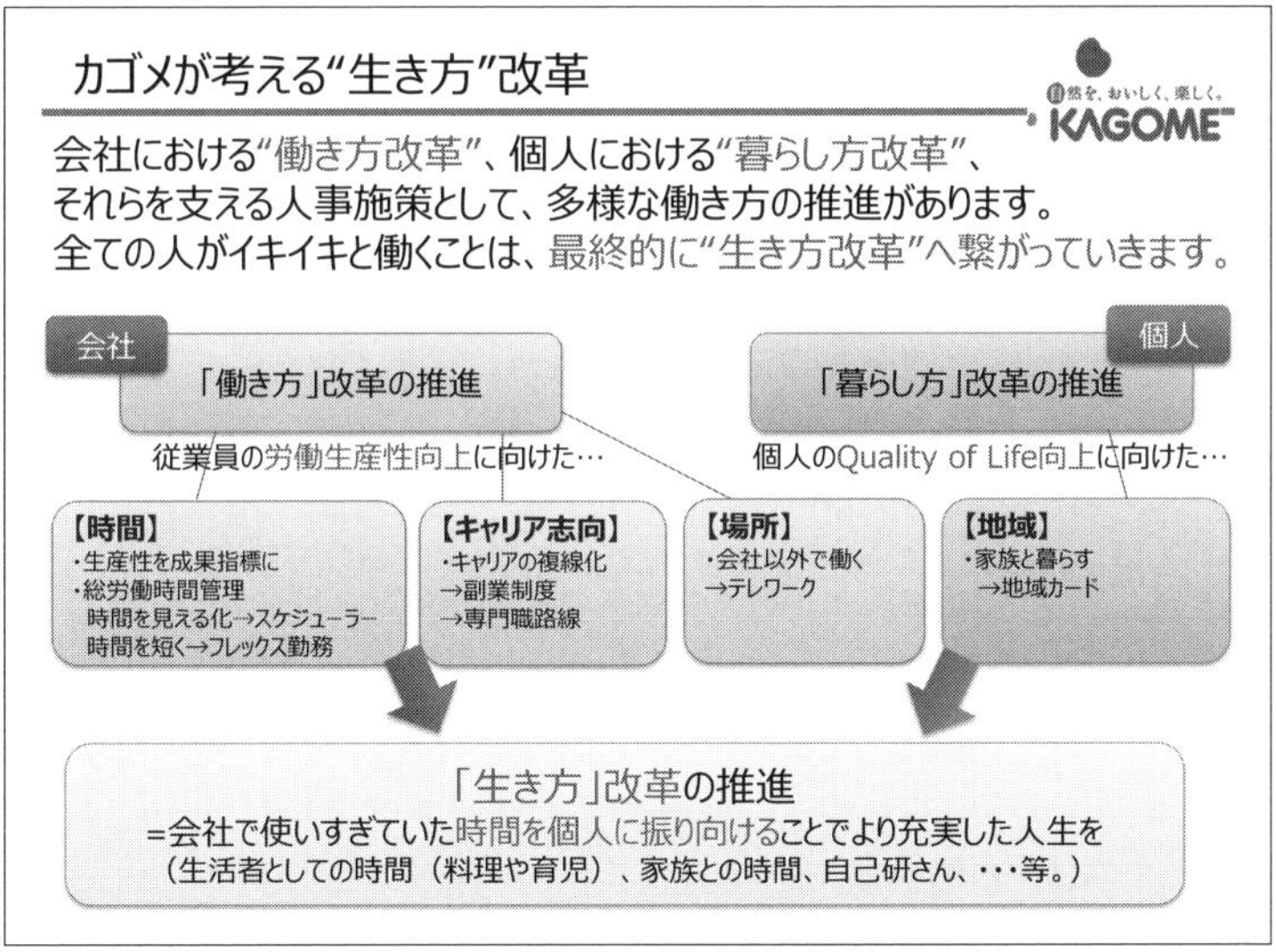
カゴメが考える“生き方”改革
自然を、おいしく、楽しく。
KAGOME
会社における“働き方改革”、個人における“暮らし方改革”、
それらを支える人事施策として、多様な働き方の推進があります。
全ての人がイキイキと働くことは、最終的に“生き方改革”へ繋がっていきます。
会社
「働き方」改革の推進
従業員の労働生産性向上に向けた…
個人
「暮らし方」改革の推進
個人のQuality of Life向上に向けた…
【時間】
・生産性を成果指標に
・総労働時間管理
時間を見える化→スケジューラー
時間を短く→フレックス勤務
【キャリア志向】
・キャリアの複線化
→副業制度
→専門職路線
【場所】
・会社以外で働く
→テレワーク
【地域】
・家族と暮らす
→地域カード
「生き方」改革の推進
=会社で使いすぎていた時間を個人に振り向けることでより充実した人生を
（生活者としての時間（料理や育児）、家族との時間、自己研さん、・・・等。）

出所）カゴメ株式会社提供

さまざまな解釈がありますが、カゴメでは、インプットは時間、アウトプットはパフォーマンスという、最もシンプルな考え方を採用しています。

カゴメにおける「暮らし方改革」とは、ＱＯＬ（クオリティ・オブ・ライフ：Quality of Life）の向上です。生活様式も多様になってきていますから、個人の価値観に応じて柔軟に選択できる「働き方のオプション」をたくさん設けました。それについては後述します。

さらに、社員のキャリア自律を促進するために、ひとりひとりが価値観に基づいて自分のキャリアを自分で決めることができるよう、人事制度改革を実行しました。

［図５－２］カゴメにおけるダイバーシティ

ダイバーシティは「コロナ時代」の最重要経営戦略

自然を、おいしく、楽しく。 KAGOME

■ カゴメにおけるダイバーシティ推進は、
持続的に成長できる『強いカゴメ』を創るための経営戦略

従業員それぞれの多様な視点を活かし機能させることで、組織のパフォーマンスを最大化させ、新しい価値創造し勝ち残るための武器とする。

■ そのためには、
今後増えていく、働く上で時間や場所などの制約を伴う従業員をはじめ、全従業員がより能力発揮し活躍しやすくする必要がある。

■ 従業員それぞれが能力発揮できる「働きやすい環境」をつくるために
・ ソフト面（相互理解・尊重の土壌づくり）
・ ハード面（制度、しくみ整備）
両方の施策を展開していく。

出所）カゴメ株式会社提供

2　カゴメのダイバーシティ推進

カゴメにおけるダイバーシティ推進は、持続的に成長できる「強いカゴメ」を創るための経営戦略のひとつです（図５－２）。簡単に言えば、新しい価値を創造するためには「自分のキャリアは自分で決める」という会社から社員へのメッセージです。そこに男女差は設けません。たとえば「家庭内調理推進活動」を通じて、男女関係なく家庭で料理をすることを推奨しています。また、男性が育児休暇を当たり前に取得できる制度を設けました。

しかしそもそもダイバーシティとは、異なった価値観の人たちが議論することにより健全なコンフリクトを起こすことだと考えます。したがって、あくまで女性活躍はその一側面でしかありません。

多様な社員がより能力を発揮し活躍するために、労働にかかる制約を取り払うことで働きやすい環境をつくっています。そのためには、制度や仕組みなどの「ハード面」を整備するだけでなく、社員同士が異なる価値観を理解・尊重し合う風土づくりのような「ソフト面」にも同時に着手しています。高機能のスマートフォンがあってもアプリがなければ意味がないように、逆にアプリがあってもハードがないと動かないように、ハードとソフトの両方が揃って初めてそれらは機能します。

対談

ダイバーシティの本質

ここでは、カゴメにおけるダイバーシティの考え方を対談で掘り下げる。

女性活躍

有沢　入社した当初、274人の課長のうち女性は4人、92人の部長のうち女性は2人でした。

石山　具体的にどんな取り組みをしたのですか

有沢　女性活躍だからといって、単純に昇進の数合わせをするようなことをしてはいけないと考えました。正直、当時社内では旧来の固定観念で活躍できていないところがありました。そしてグローバル職務等級制度の導入とともに、そこを打破する必要がありました。そこで、女性の活躍を積極的に支援しているメーカーにご協力いただき、経営者育成の研修に、当社の社員を男性2人、女性3人、参加させてもらいました。

石山　社外の人との研修ですか。どうでしたか。

有沢　女性3人が覚醒しました。もともと優秀な3人でしたが。研修後1週間ほどして、その3人が私のところにやってきて、「私たち、今まで何をやっていたのだろうと思いました。

カゴメの取り組みが間違っているとは言わない。しかし、カゴメの中だけでは機会に限界があるなら、成長のために、これから外で学びたい」と言ってくれたのです。そこで、私は上司に働きかけ理解を得ました。そして３人とも、自費で、働きながら社会人大学院へ通いました。

石山　それはすごいですね。

有沢　３人とも大学院を卒業して、最速で課長になりました。今は、３人とも組織の中枢にいます。役員のメンター制度も導入され、管理職候補を支援する体制も整えてきました。こうした彼女らのような先駆者が、社内の女性管理職に対する偏見をなくしてくれました。

石山　社外で学ぶ機会を得たことで、自ら新しい価値観やスキルを得て活躍したモデルケースですね。

有沢　ダイバーシティ推進とは女性活躍だけではありません。さまざまな価値観を持った人材が集まり、健全な議論とコンフリクトが起こることによってイノベーションが生まれます。それがダイバーシティの本質だと思います。

同質性が組織のＤＮＡの継承を阻害する

有沢　人事の採用計画の中にも「多様性を重視して異能・異才の人材を集める」と掲げました。

石山　いろんな価値観を持った人が集まりそうですね。

有沢　当時のトップには同質性は会社を滅ぼすと申し上げました。しかし逆に多様な人材が集まると、カゴメのＤＮＡが失われるのではと心配する声もありました。

石山　カゴメらしい人材を採用することが、組織のＤＮＡの継承だと思っているんですね。

有沢　はい、その逆で、同質的ではないさまざまな価値観の人材が集まることで、カゴメらしさが輝くのです。

対談

カゴメの採用とダイバーシティ

ここでは、カゴメの採用の実態によって、そこに包含されているマーケティング志向とダイバーシティの実践のあり方を明らかにする。なお、取材協力者である谷口ちさ氏、北川佳寿美氏に対談を担当いただいた。

北川　ぜひ、カゴメの新卒採用についてもお聞かせください。実は先日、学生さんがＳＮＳに「カゴメ、神！」と書き込んでいるのを見たんです。採用面接で残念ながら落ちてしまった学生さんにも、カゴメの商品が届くそうですね。

有沢　そうなんです。弊社は面接に限らず、エントリーシートを提出してくれた学生さん全員に自社商品を送ります。

北川　お手紙も付いているんですよね。残念ながら落ちてしまった学生さんも「カゴメを悪く言うのはやめようと思った」とＳＮＳで発信していて、すごいなと思いました。

有沢　学生さんは、たくさんの企業の中から、カゴメを見つけてエントリーしてくださったわけです。そのことに対する感謝の気持ちとして弊社の野菜飲料や食品を送っています。また未来のカスタマーですからね。それだけでなく、その学生さんが食品会社や小売業に就職されたら、ビジネスパートナーになるかもしれないわけです。これは一番のマーケティングですよね。

北川　これは、有沢さんのアイディアですか？

有沢　いえいえ、人事部のメンバーのアイディアです。私から伝えたのは、10年先を見越した戦略を立てるように、ということだけです。

北川　すべての学生さんに自社商品を送るとなると、それなりのコストもかかりますよね。

有沢　それなりのコストはかかりますが、何よりも就職先として当社を希望してくれたことへの感謝の気持ちを伝えたかったということです。学生の皆さんには10年先、20年先も、カゴメのことを想っていただけると嬉しいですね。私たちもそういう企業であらねばと思います。

谷口　ほかに、カゴメらしい採用戦略はありますか。

有沢　とにかく、学生さんと対等の立場でいることを心がけています。

谷口　具体的にはどのようなことをされるのでしょうか。

有沢　人事部長の面接を通過したら、私は完全に学生のみなさんを応援します。ですので、面接中に緊張で頭が真っ白になったら私を見てリラックスするように伝えたりします。また、最終面接前日には若手社員も呼んで、カゴメの社風について学生さんにお伝えする時間も設けます。そうやって、みんなで最終面接を応援するんです。

谷口　それは学生にとって嬉しいサポートですね。

有沢　こういうところからも当社の社風を感じてもらえているかもしれません。結果的に、内定辞退も少ないです。

谷口　会社によっては、学生1人にこれだけ手間とコストをかけているんだから、内定辞退は許さない、なんて脅しをかけるところもありますよね。

有沢　お金をかけたのは会社の勝手です。学生さんには何の関係もないですよね。むしろ、内定が出た後は、選ぶ学生さんの方が優位です。職業選択の自由は憲法22条で規定されていますからね。

北川　ちなみに、エントリーシートではどのようなことを質問されるのでしょうか。

有沢　カゴメのエントリーシートでは、自分を表現してもらいたいと考えています。その人の生き方、つまりはこれまでどんな生活を送ってきて、どんなふうに生きてきたのかということを、１枚のエントリーシートで知りたいんです。それから、カゴメに入ったら具体的に何をしたいのかも聞いています。

北川　なるほど。それはキャリア自律の観点からでしょうか。

有沢　はい。人事制度改革でキャリア自律を念頭に置いているからこそ、学生さんが当社に入ってやりたいこともしっかりと聞く必要があります。

谷口　ちなみに、カゴメに採用される学生さんの特徴はありますか。

有沢　いろんな方がいますよ。

谷口　あえて言うとすれば、いかがでしょう。

有沢　何より多様性を重視しております。特に異能・異才人材に注目しており、また男女比も意識しています。現在は新卒採用は女性の方が６割です。

谷口　医学部の入試もかつて問題になりましたが、採用においても男子学生に下駄をはかせることがあると耳にします。現場からの反対意見はなかったのでしょうか。

有沢　私が入社した当初は営業の現場から、男性がほしいという声がありました。理由を聞いてみると、あまり前例がないものだから、女性社員が取引先とうまくやっていけるかと心配していたみたいです。そういう声に対し、「まずはやってみましょう」と言いました。それで実際やってみたら、何の問題もなかったんです。

谷口　営業は男性、という思い込みが現場からなくなりますね。

有沢　それだけではありません。取引先からは「カゴメは女性も活躍している」という印象を持っていただけるようになりました。そうなると、ステークホルダーも見る目を変えるんですね。

谷口　なるほど。採用の結果は、社内だけでなく社外にも影響するんですね。

有沢　そう。だからこそ人事は重要なんです。採用ひとつ取っても、人事は社内外に影響を及ぼすことができます。人事部のメンバーには、そのことを自覚するようにいつも伝えています。

3　生き方改革の諸施策

家族が一緒に暮らすために

この人事制度改革では、家族が一緒に暮らすことを大切に考えました。私がこの考えに至ったのは、欧米出張における会食がきっかけでした。

会食中の何気ない会話で、現地のローカルのＣＥＯや管理職に日本の単身赴任の仕組みについて話をしたことがあります。日本では転勤をきっかけに、父親や母親が家族と離れて異なる地域で一人暮らしをすること、数か月に一度だけ家族の待つ自宅に帰ることはよくあることだ、などと話しました。すると現地法人のメンバーは驚いた顔をして私にこう言いました。「それは何かの罰なのか？」「その社員は何か罪を犯したのか？」

欧米では、少なくとも子どもが高校を卒業するまでは、家族一緒に暮らすことが当たり前です。会社の施策で家族がはなればなれになることは異常だ、と言われました。そう言われて私は、たしかにそうだな、と思いました。

カゴメにおける人事制度改革は、カゴメが価値創造し続けるために、そして社員が能力を発揮

［図5－3］地域カードの仕組み

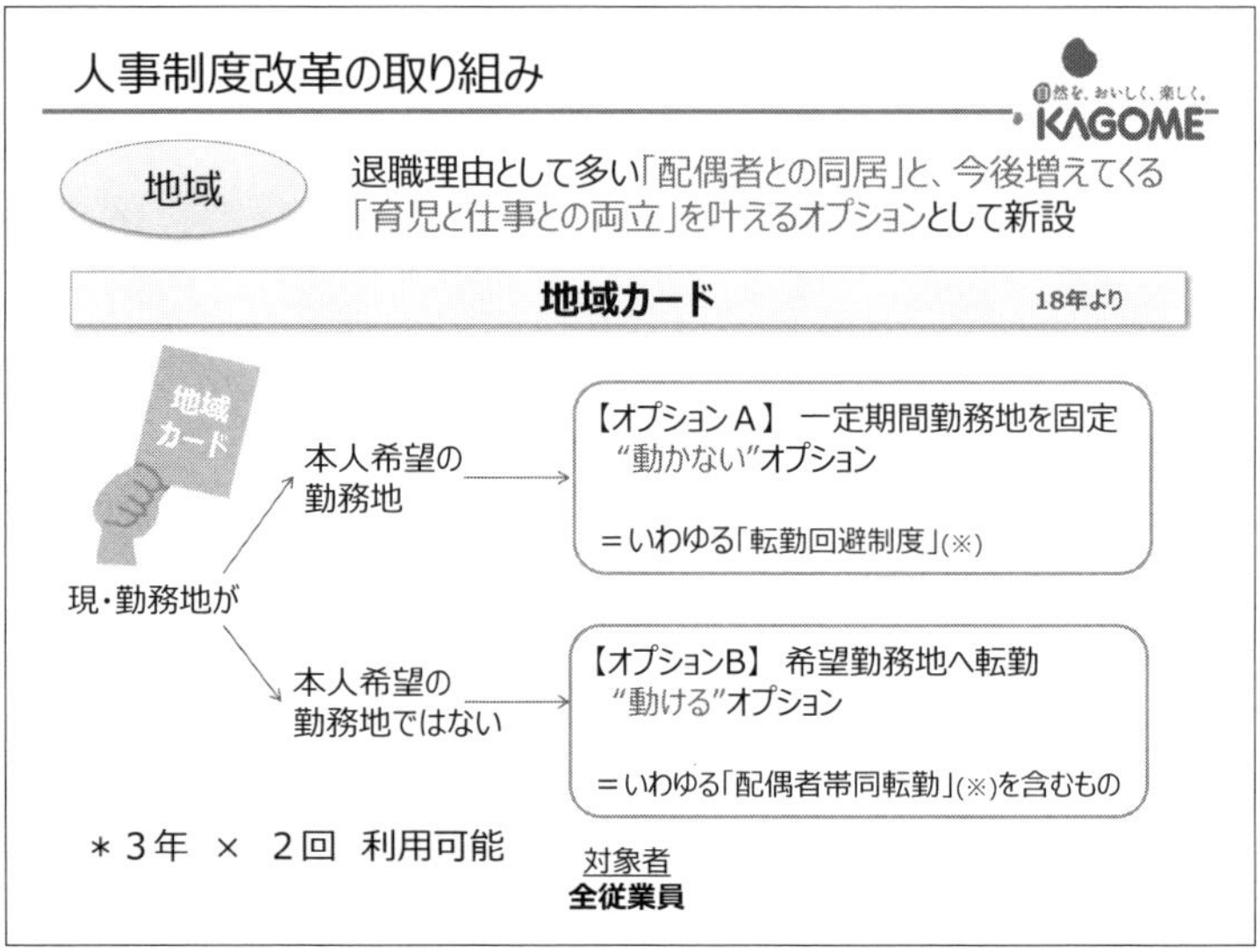
人事制度改革の取り組み
自然を、おいしく、楽しく。
KAGOME
地域
退職理由として多い「配偶者との同居」と、今後増えてくる
「育児と仕事との両立」を叶えるオプションとして新設
地域カード
18年より
地域カード
本人希望の
勤務地
【オプションA】 一定期間勤務地を固定
“動かない”オプション
＝いわゆる「転勤回避制度」(※)
現・勤務地が
本人希望の
勤務地ではない
【オプションB】 希望勤務地へ転勤
“動ける”オプション
＝いわゆる「配偶者帯同転勤」(※)を含むもの
＊3年 × 2回 利用可能
対象者
全従業員

出所）カゴメ株式会社提供

して活躍し続けられる会社であるために策定しました。その背景には、こうしたエピソードを含む私のこれまでの経験がありました。以下に、具体的な制度をご紹介します。

地域カード

女性の退職理由で最も多いのが配偶者の転勤です。まだまだカゴメで働きたいという希望があるならば、その理由で会社をやめてしまうのは、本人にとっても会社にとっても損失です。これを会社の仕組みでサポートできないかと考え、導入したのが「地域カード」です（図5－3）。

地域カードには2つのオプションがあ

ります。1つは、留まりたい地域に留まることができるオプション、いわゆる転勤回避制度です。もう1つは、希望勤務地へ転勤できるオプションです。2回まで利用することができ、1度利用すれば3年間有効です。つまり、3年間×2回＝6年間は、自分の希望する勤務地で働くことができるわけです。

全社員が対象ですから、工場勤務の方も利用できます。社員が地域カードを行使すれば、原則としてその権利が尊重されます。ただし、理由は必ず確認します。配偶者の転勤が一番多い理由で地域カードを活用している社員もたくさんいます。

社員に単身赴任をさせないためにこの制度を導入しましたが、カゴメとしては転勤そのものを廃止するつもりはありません。なぜならば転勤は、その後の人生に影響を与えるような新しい出会いのチャンスにもなり得るからです。また、地域カード導入前には東京や大阪に希望が集中するのではという懸念事項が役員から挙がりましたが、それは杞憂に終わりました。

スーパーフレックス×テレワーク

カゴメでは、スーパーフレックス勤務制度とテレワーク勤務制度を活用することで、社員が働く場所と時間を柔軟に選択することができます。これは、コロナ禍前から導入していました。ただし、工場勤務の社員はこれらの制度を行使することができませんので、特別な休暇制度や一時金制度を設けて生産部門の方に報いるような制度を設けています。これは製造業の宿命であり、今後の課題です。

スーパーフレックス勤務制度は、２０１７年に時差勤務制度を導入した後、２０１９年よりコアタイムを廃止して本格導入しました。5時から22時の間で始業・終業時間を社員が自由に決めることが可能です。テレワーク勤務制度は、２０１８年に在宅勤務制度を導入した後、２０１９年より情報セキュリティポリシーの遵守を条件に自宅以外の場所でも業務遂行が可能になりました。

また社員はスケジューラーに業務の詳細な予定と時間を書き込むようになりました。

ちなみに、スケジューラーには仕事以外の予定も書き込むこともＯＫです。これは、空いた時間は自分のための時間であることを示すためです。もちろん、書きたくない人は書かなくても良いのです。ちなみにプライベートな予定を書いても構わないので、書き込まれたプライベートの予定をきっかけに社員同士のコミュニケーションも円滑になっています。

これらの制度も、導入前はさまざまな懸念事項が挙げられました。そのため社員に事前アンケートを取り、出勤しなければできない仕事を挙げてもらいましたが、ほとんどなかったため実行に踏み切りました。コロナ禍となりさらに、やらなくても良い仕事がたくさんあることに気づきました。スーパーフレックスとテレワークを組み合わせることにより、働き方の柔軟性は極限まで高まりました。制度導入の主目的ではありませんでしたが、結果的に、総労働時間も短縮されました。

対談

親しみやすさの背景

なぜスケジューラーに仕事以外の予定も書き込む、という着想に至ったのか。それは、有沢氏の親しみやすさと関係がある。引き続き、谷口ちさ氏と北川佳寿美氏が対談を行った。

北川　人事の役員という肩書きは社員からすれば近寄りがたいようにも思いますが、ここまでお話を伺って、みなさん気さくに有沢さんに話しかけられていますね。

有沢　みんな平等だという考えのもと、人と接しているからでしょうかね。

北川　どのような経験からそう思われるようになったのですか。

有沢　銀行時代ですね。あの頃は銀行では人事部と総合企画部が人事権や予算策定権、戦略策定権など多くの権限を握っていましたが、それに対する私なりの考えが私の中にあると思います。もちろん、私は今でも銀行には一定の中央集権的な考えは必要だと思います。これはある意味金融機関にとって永遠の課題かもしれません。

北川　銀行と一般企業を経験されたからこそ、そう感じられるのですね。

有沢　はい。カゴメではあえて権限を集中させないで、みんながいろんな意見を言えた方がいいんですよ。もちろん、銀行でも言いたいことは言えましたけどね。

北川　銀行と一般企業の人事の違いはどのようなところでしょうか。

有沢　銀行からＨＯＹＡに転職したとき、あまりにも銀行と違うので驚きました。当初、気持ちとしては猛反発していましたが、ＨＯＹＡにいるうちに、銀行のような人事部のあり方ももちろん必要ですが、けっしてそれがすべてではないと思うようになりました。

北川　確かに、製造業の場合は事業部人事が強いと聞きます。

有沢　本当にそうでした。こうも中央の人事の言うことが通らないのかと痛感しました。どうすれば事業部人事の方々に理解してもらえるか考えました。今考えると、いろいろなパターンを経験できたことは良かったですね。

谷口　普段はカゴメの社員さんとどのようなコミュニケーションを取られているのでしょうか。

有沢　私はあけっぴろげですからね。弱さも見せます。それから、わりと何でも、けっして迎合ではなく相手の話題に合わせるようにしています。

谷口　どんなふうに相手の話題に合わせていくのでしょうか。

有沢　ご本人の興味・関心を知るために、その方から発信される情報と、自分の知っている情報を照らし合わせて質問することが多いでしょうか。

谷口　具体例があれば、ぜひ教えてください。

有沢　社内のスケジューラーには、仕事の予定だけでなく、プライベートの予定も書けます。私は特にプライベートの予定を意識しています。たとえば私が神宮球場に行くとき、同じ予定を書いている社員がいれば、どのあたりの席で見るのかとか質問して、そこから話が弾みます。同じミュージシャンのライブに連日通い詰めた時は、社員の方から「有沢さん、なんで毎日同じライブに行くんですか？」なんて話しかけたりもしてくれますよ。

北川　気さくなお人柄が伝わります。

副業制度

カゴメでは、２０１９年から副業も可能です。企業として社員のキャリア自律を推進していますから、社員が１か所に限定されないキャリア構築の機会を提供するのは企業の務めです。また、社員が社外で学んだことをカゴメにおける仕事やキャリアに活かしてくれたら、それはカゴメの価値創造にもつながります（図５－４）。

ただし、副業制度の利用には一定の制限を設けてあります。まず、年間総労働時間が１９００

［図５－４］カゴメの副業制度

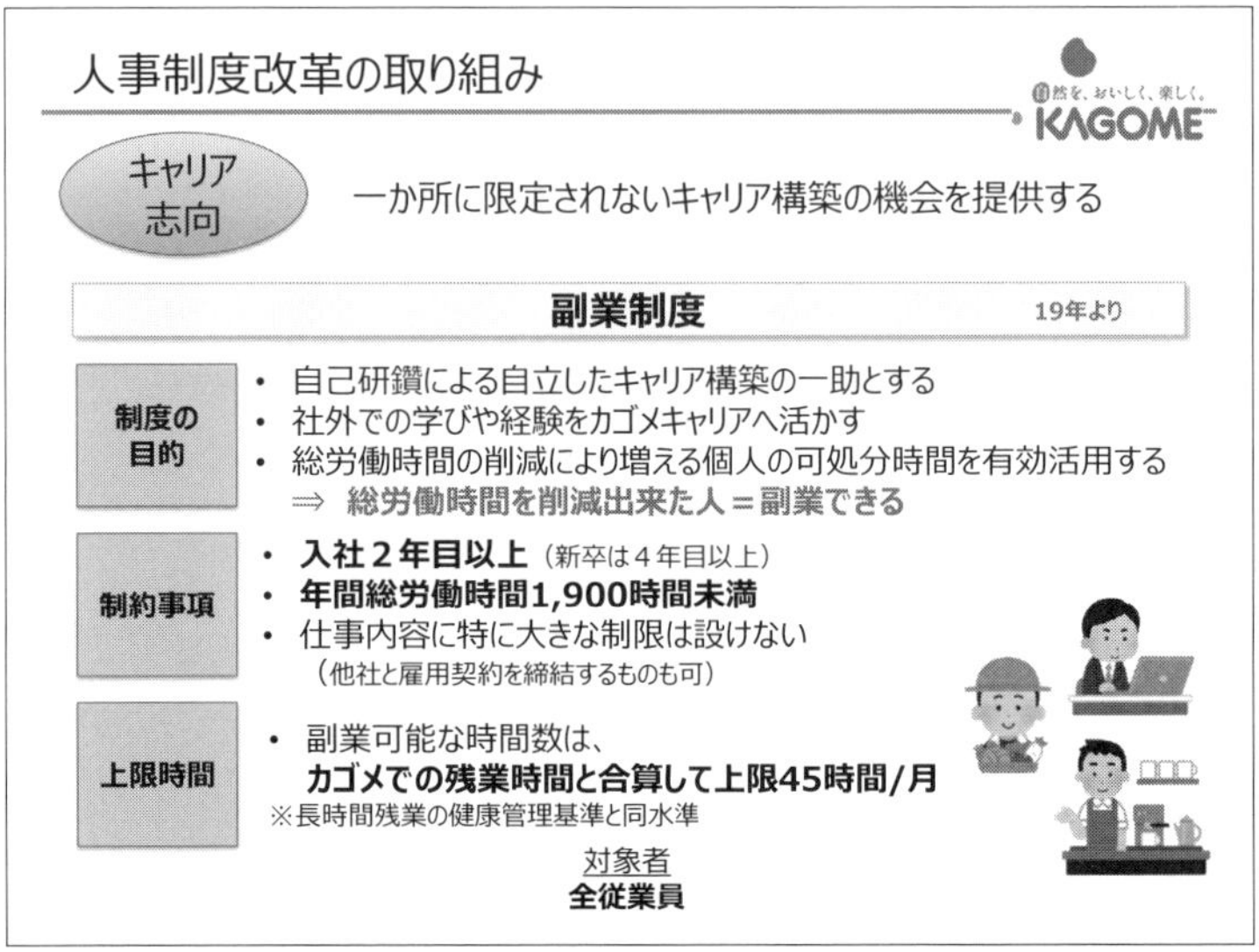

人事制度改革の取り組み
自然を、おいしく、楽しく。
KAGOME
キャリア志向
一か所に限定されないキャリア構築の機会を提供する
副業制度
19年より
制度の目的
・自己研鑽による自立したキャリア構築の一助とする
・社外での学びや経験をカゴメキャリアへ活かす
・総労働時間の削減により増える個人の可処分時間を有効活用する
⇒ 総労働時間を削減出来た人＝副業できる
制約事項
・入社２年目以上（新卒は４年目以上）
・年間総労働時間1,900時間未満
・仕事内容に特に大きな制限は設けない
（他社と雇用契約を締結するものも可）
上限時間
・副業可能な時間数は、
カゴメでの残業時間と合算して上限45時間/月
※長時間残業の健康管理基準と同水準
対象者
全従業員

出所）カゴメ株式会社提供

時間未満の社員だけが、副業可能です。カゴメで働きすぎている人は、そもそも副業をすることが望ましくありません。なぜなら我々は社員に対して健康管理に対する主たる義務があるからです。また副業可能な時間数は、カゴメでの所定外労働時間も合算して月45時間を上限としています。条件に合致すれば、工場勤務、あるいは役員を含む全社員が副業可能です。

　副業の仕事内容には制限を設けていません。一般的な公序良俗に反しない限り、基本的にどんな仕事に就いても良いとしています。また、先進的な取り組みとしては、他社と雇用契約を締結するのも可能としています。ちなみに、副業でＤＸ

（デジタルトランスフォーメーション）分野で起業した社員がいますが、その会社と業務委託契約を結んだりしましたよ。

副業制度導入については、離職率が高まるのではないかという懸念事項が挙がりました。これについて私ははっきりと、それは逆だ、と言いました。今後は副業制度がある会社に多様な人が集まるだけでなく、そういう会社が選ばれる時代になります。

そもそも副業制度の導入は、ダイバーシティ推進の入り口にすぎません。自社の社員に副業を認めることを皮切りに、いずれは社外の異能・異才の人材が「カゴメで副業をしたい」と集うような風土づくりを期待しています。

対談

副業の本質

ここでは、副業の本質について、対談で掘り下げる。

石山　企業における副業の受け入れでも、同じことが言えますね。社員の副業は認めるけれど、社外の副業者は受け入れないという会社は、少なくありません。

有沢　異分子を受け入れないというのはおかしいですよね。

石山　副業の受け入れを認めるか認めないかは、同質性のリトマス試験紙になりますね。

有沢　そのとおりです。カゴメが本人にとってマザーカンパニーであればよいのです。

石山　本業との相乗効果を期待して副業を解禁する企業も増えています。しかし、本来、個人が就業時間外に行うことに制約はなく、副業をする場合には本業の相乗効果があること、などと企業が縛りをかけること自体、奇妙なことです。

有沢　副業の相乗効果など期待しなくてもいいのです。「自律的なキャリア形成」という視点に立って、個人の市場価値を上げればよいのです。なぜなら個人の市場価値の総和が、組織の市場価値を上げるからです。それが「人的資本」経営にもつながるのです。

石山　副業で離職が増えるのではないかという不安から、副業を推進できない会社もあります。

有沢　離職率が低いことはけっして単純に喜ぶべきことではなく、出入り自由な会社が一番いいのです。社員には、カゴメだけでキャリアを終えるなんてことは考えないでほしい。副業をやっても、マザーカンパニーはカゴメだと言い切れる人がいればいいのです。

石山　副業は、自律的なキャリア選択の１つですね。

［図５－５］専門職コース

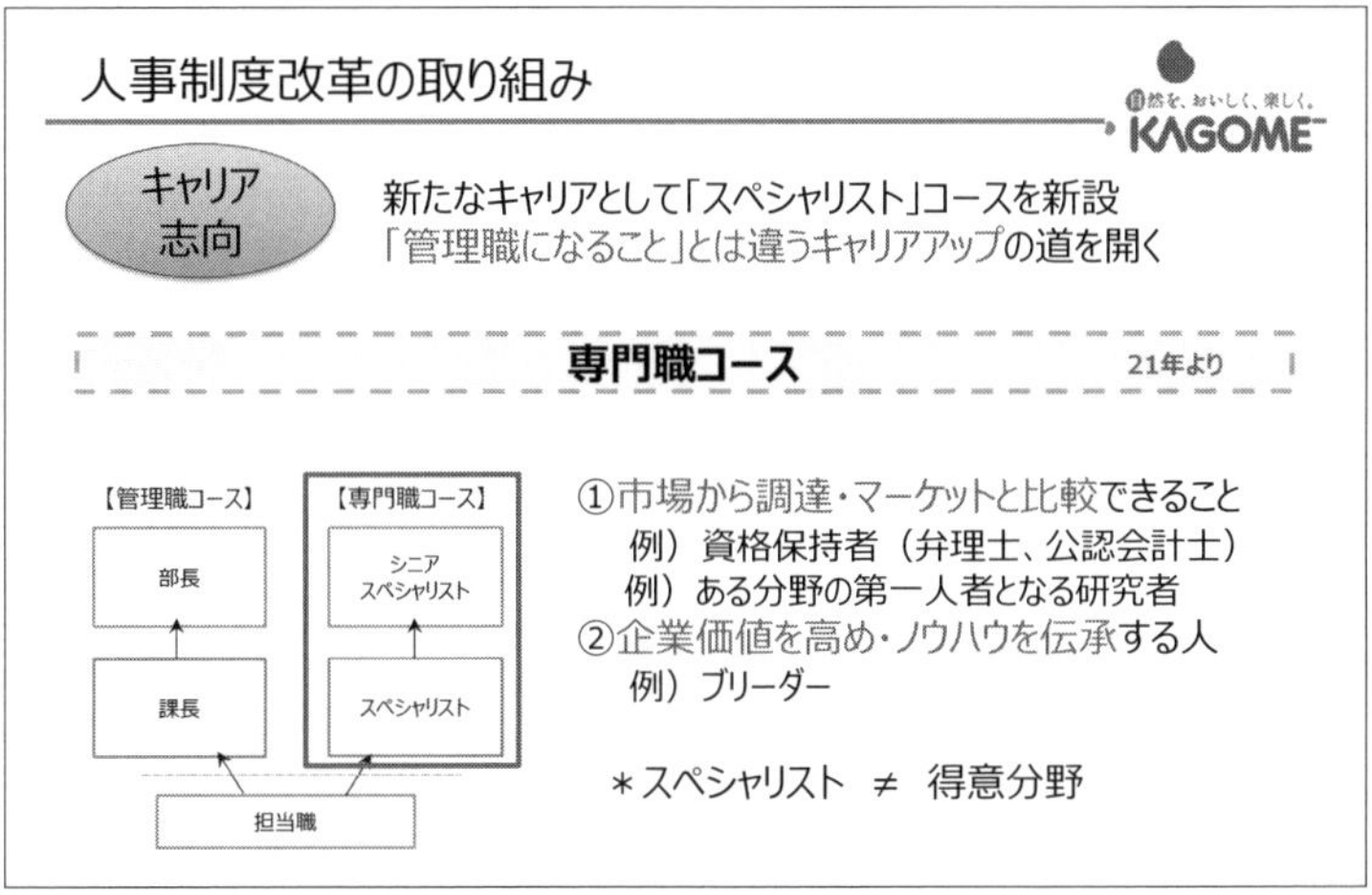

出所）カゴメ株式会社提供

専門職コース

会社員の「キャリアアップ」には、これまで管理職になるという道しか用意されていませんでした。しかし、管理職に興味のない人はどうすれば良いのでしょうか。たとえばカゴメの場合は、研究職や、トマトを始めとした野菜の品種改良を行うブリーダーという職種がありますが、それらの職種に従事する人にはそもそもマネジメントに強い興味がない方もいます。

カゴメでは、スペシャリストもジェネラリストも対等な関係性で働ける制度として、専門職コースを作りました（図５－５）。管理職コースの部長と、専門職コースのシニアスペシャリストは同等の職務等級となります。

ここでいうスペシャリストとは、単純に得

意分野に特化することを指すわけではありません。研究職であればその分野の第一人者となるような研究者であることが求められますし、資格保持者であれば自らの市場価値を示す必要があります。たとえば、ブリーダーのような特殊な職業の場合は、企業価値を高めたり、ノウハウを伝承したりする能力が求められます。

どの道を選択しても、ペイ・フォー・パフォーマンスの考えに基づき、社員の市場価値に対して適正な報酬を支払うという考え方は同じです。また、いずれのコースに進むかについては、もちろん個人の選択ですから、会社から指示はしません。

4　生き方改革の先に

カゴメがこれらの生き方改革の先に見据えるものは、会社と社員の対等な関係づくりです。キャリア自律を謳いながら、会社が社員に対し意に沿わない異動や転勤をさせたり、社員のプライベートに配慮せず働く場所や時間を固定したり、副業を禁止したりするのでは矛盾が生じます。

会社は多様な「働き方のオプション」を社員に提示し、社員は自らの必要性に応じてそれらを

［図5－6］生き方改革の先に

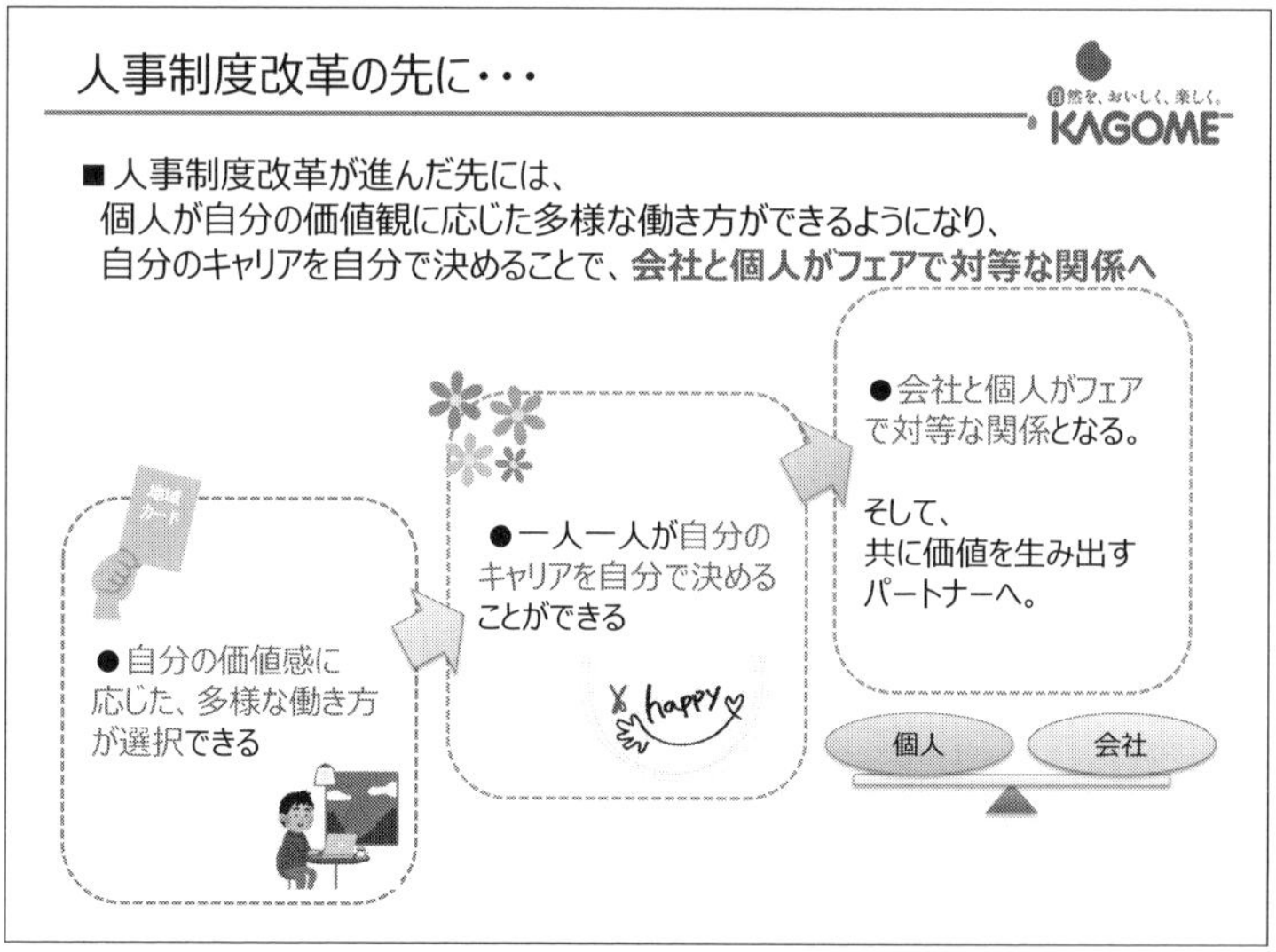

出所）カゴメ株式会社提供

選択・活用します。ハードとソフトが円滑に機能することで、社員ひとりひとりが自分のキャリアを自分で決めることが当たり前になってきます。こうした環境の中で社員は仕事を通じて会社に価値を提供し、適正な報酬を受け取ります。これにより、本当の意味で会社と個人は対等な関係となり、顧客への価値提供をともに目指すパートナーになれると考えます（図5－6）。

第6章

コーポレートガバナンス・コードを人事改革に活かす

▼本章の概要とねらい

コーポレートガバナンス・コード（企業統治指針：以下、コードと記述）とは、企業と各種ステークホルダーとの望ましい関係性や、取締役会のあるべき姿などについて記述した文書である。2015年に金融庁と東京証券取引所が共同で策定した。望ましいコーポレートガバナンスの姿が示されているものであるが、その理解の程度、実践のあり方には、企業間で差があることが実態ではないだろうか。たとえば、コードは遵守すべきものという理解で、守りの姿勢で実践している企業もあるだろう。カゴメは、攻めの姿勢でコードを企業経営、とりわけ人事改革に最大限活用している。攻めのコードの実践とはどのようなものか、本章で明らかにしていきたい。

1　コードと人事改革

カゴメは考え方として、積極的にコードの各原則を実施しています。コードでは、後継者選任および育成を透明性高く実施することが必達事項とされています。社長の半生を綴った読み物にはよく、「ある日突然、社長に呼び出されて、お前が次期社長だ、と告げられた」という話が登

［図6－1］コード導入の背景

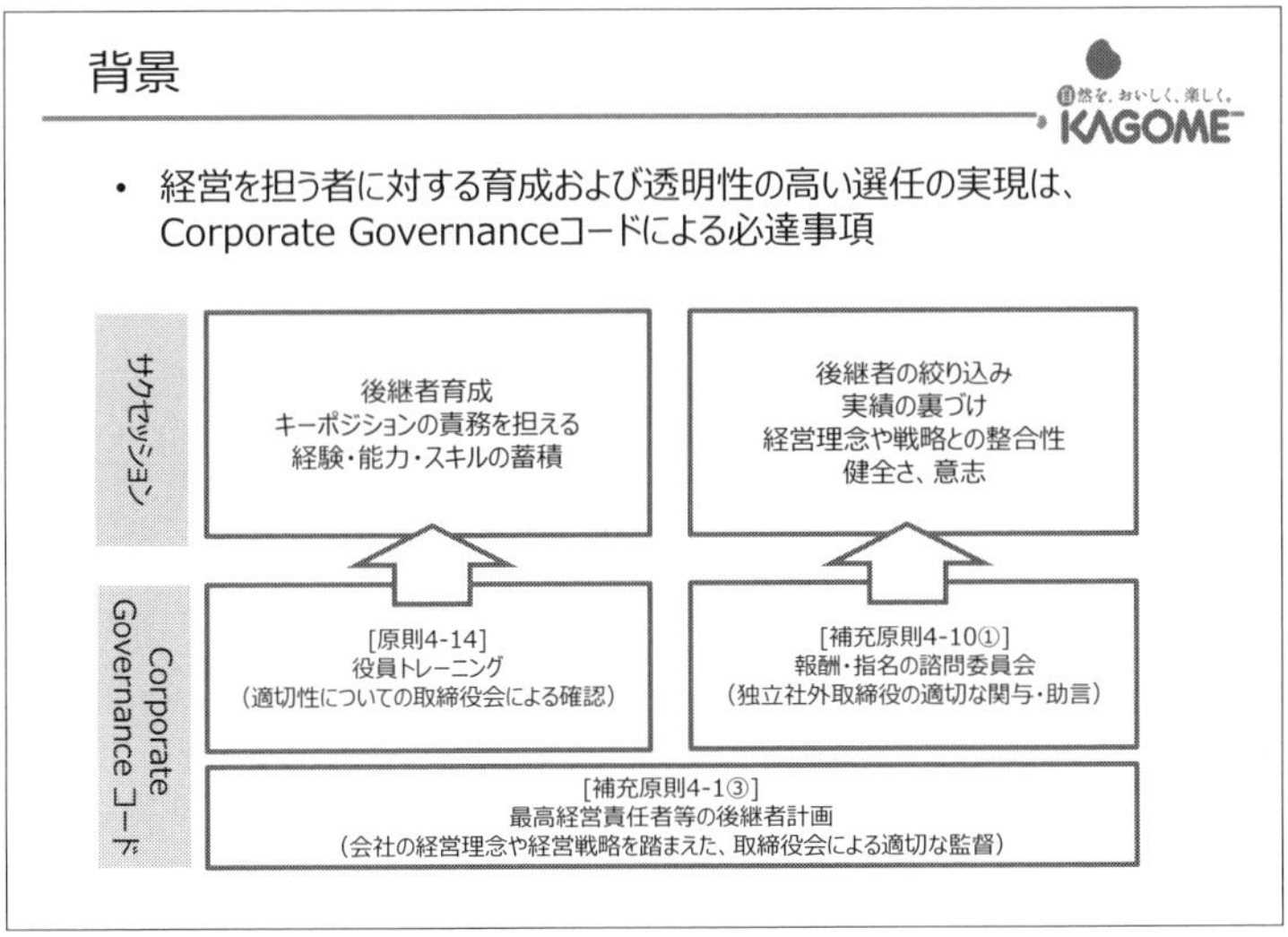

出所）カゴメ株式会社提供

場します。昔はそれで良かったのでしょうが、コードに従えば、社長の一存で後継者を決めることはできません。

ここでは、カゴメにおける「最高経営責任者等の後継者計画」、いわゆるサクセッションプランと、次世代経営者育成についてお話しします（図6－1）。

2　サクセッションプラン

コードに基づけば、上場企業はすべてキーポジションに就く者の育成、ならびに後継者育成を実施しなければなりません。

そのためには、キーポジションの責務を担

える経験、能力、スキルの明確化が求められます。また、それらの適切性を担保するために、社外取締役の関与・助言も必要です。

カゴメではコードに則り、以下のプロセスで現任者ならびに後継者候補の人材開発を行っています（図6－2）。そして、①～⑤の情報を報酬指名委員会に答申します。報酬指名委員会は5名で構成されており、うち、社外取締役が3名ですから、内部よりも外部の意見が尊重される仕組みになっています。

① キーポジションの選定
② キーポジションの後継状況の可視化
③ 人材要件の明確化
④ 望ましい経験・キャリアパスの明確化
⑤ 現在の人材の可視化

カゴメでは、現任者の代理ができる人、短期的な候補者（2～3年後）、中長期的な候補者（5～6年後）の3段階に分け、現任者に後継者候補を選んでもらっています。たとえば今すぐ私の代理となれる後継者候補は社内外から複数名を挙げています。

［図６－２］サクセッションプランのプロセス

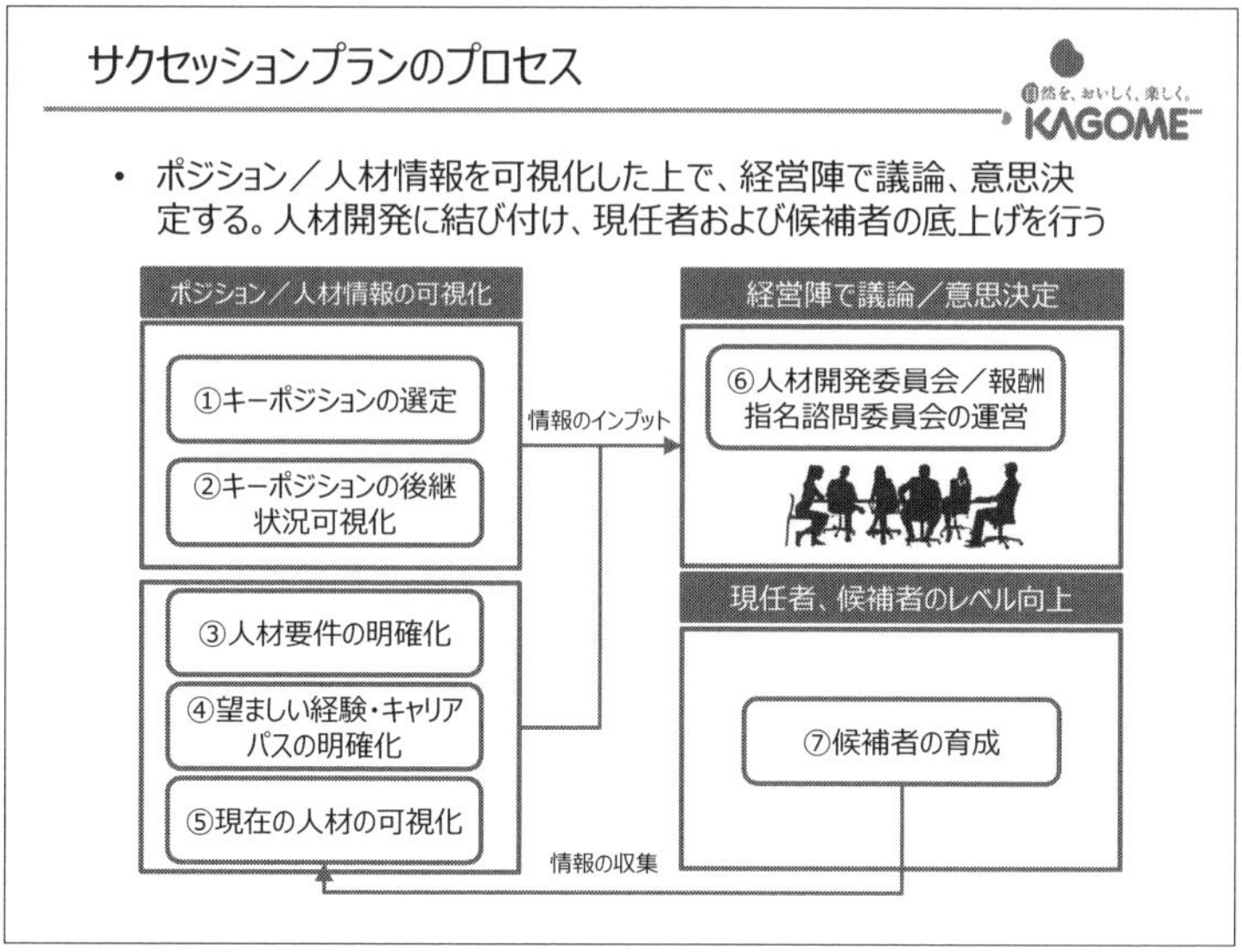

出所）カゴメ株式会社提供

報酬指名諮問委員会に承認された現任者ならびに後継者候補に対し、研修を実施します。ひとりひとりの育成状況については、報酬指名委員会に対し年５回の進捗報告が行われます。なお前述のとおり、キャリア自律を念頭に置いた施策のため、最終的に候補者となるかどうかを決めるのは本人です。

対談

人事主導のコード

なぜカゴメと有沢氏は、人事改革においてコードを重視するのか。この点について、対談で掘り下げる。

石山　コードを重要視するきっかけは何かあったのでしょうか。

有沢　それは、HOYA時代にあります。第2章でも述べましたが、HOYAは日本でも有名な委員会設置会社です。当時は指名委員会、報酬委員会、監査委員会があり、すべて社外取締役だけで構成されていました。私はそれらの委員会の事務局長をしておりました。その際、サクセッションプランについて指摘を受けました。指名委員会の委員長に「もし社長が今日、交通事故で亡くなったとしたら、後継者は誰なのか？」と質問をされました。そのときはすぐに答えられなくて非常にお叱りをいただきました。

石山　確かに、経営にとっては重要な課題ですね。企業の存続において重要な指摘ですが、委員会の運営は実際のところ、面倒に感じたりはしませんでしたか。

有沢　大変でしたが、社外取締役からのガバナンスが効いていることで、透明性と客観性が担保される喜びの方が大きかったです。ですからカゴメでもコードに従い、外部の目がしっかりと行き届くことを目指しました。

石山　コードの執行を人事部が主導するのは珍しいように思います。

有沢　コードには役員トレーニングやサクセッションプランなど、人に関する重要事項が記載されています。つまり、コードに則った経営をする場合、最も重要なことは人事戦略です。カゴメでは人事戦略を、経営戦略と事業戦略の橋渡しをするものと位置づけ、人事戦略がすべての戦略の要であることを示しています。

石山　なるほど、人事部がコードを主導する意義を社内外に明確に示しているのですね。

有沢　そうです。ちなみに私は、ＣＨＯ（チーフ・ヒューマンリソース・オフィサー：Chief Human resource Officer、最高人事責任者、ＣＨＲＯと表記されることもある）という肩書きですが、当時はカゴメではＣｘＯは私だけでした。これも、人事が最重要戦略であることを社内外に示すためです。

対談

人材要件定義書

サクセッションプランに欠かせないツールとして、人材要件定義書がある。これは、第４章で記載した、職務記述書を作成しないこととも関連している。この点について、対談で掘り下げたい。

石山　サクセッションプランの際に、「キーポジションの責務を担える経験、能力、スキルの明確化」というお話がありましたが、どのように実現されているのでしょうか。

有沢　それを示すために「人材要件定義書」というものを作成しています。

石山　人材要件定義書には、どのような内容が含まれるのでしょうか。

有沢　ミッション、アカウンタビリティ、求められる能力・スキル、そして望ましい職務経験が定義されています。これをポジション別に作成し、閲覧できるようにしています。目指すポジションがあれば、どのような経験を積み、どのようなスキルを伸ばすべきか、各自で判断できるようにしています。また、サクセッションプランにおいて、社外取締役が後継者候補の妥当性を確認する際にも使われます。

石山　第４章で職務記述書を作成しないことが説明されていました。人材要件定義書は、その代替ということになりますか。

有沢　そのとおりで、何度も申し上げますがカゴメでは職務記述書は作成しません。なぜならば、仕事の内容はその年の状況や目標次第で変化するからです。人材要件定義書に加えて、毎年、社員ひとりひとりが作成するＫＰＩ（キー・パフォーマンス・インディケーター：Key Performance Indicator）評価シートが十分にその役割を果たしてくれます。

石山　なるほど。そうすると、そのポジションの人材要件定義書と、そのポジションに就いている社員のＫＰＩ評価シートが職務記述書の役目を果たすということですね。

有沢　そうです。人事が職務記述書を何時間もかけて作るなんて、非効率的です。たとえばコロナ禍において、特別に考えなければならないことが増えましたよね。人事が職務記述書を作るということは、そうした状況の変化をいちいち反映する必要があるということです。職務記述書のために仕事をしているような格好になり、運用しきれなくなることが目に見えています。

石山　たしかに。加えて、社員本人がＫＰＩ評価シートを作成すれば、目標の主体性も高まりますね。

有沢　カゴメの場合、ＫＰＩ評価シートに社員が自分で目標を立てて、各自がその目標に責任を持つ仕組みにしています。また、すべての目標を基本的に数値化することをルールにしていますので、1年が終わったときに「できたこと」「できなかったこと」の判断も明確です。本人と評価者の認識の齟齬がなくなり、評価の透明性や納得感にもつながります。

石山　ちなみに、人材要件定義書は改訂されることがありますか。

有沢　もちろん、必要に応じて改訂されることがあります。そのたびに、報酬指名委員会による審議が行われます。

3　役員トレーニング

コードには、役員層の教育についても言及されています。これに則り、カゴメでは取締役及び執行役員に対し、定期的なトレーニングを実施しています。テーマは、①法務・企業統治、②財務・会計戦略、③意思決定とリーダーシップ、④経営戦略、⑤マーケティング、⑥リーダーシップなどです。

トレーニングの場は役員が集うサロンではありません。経営を担う立場として常にその知識やセンスを磨いてもらわなければならないので、各分野の一流講師を揃え、厳しいトレーニングを実施します。役職が上がるほど、研修は厳しくなります。こうした厳しい経験の蓄積が、現場で役立つと考えています。

役員トレーニングは原則として土日に行います。そして、その様子は社外取締役にもご参加いただき見てもらいます。社外取締役も一緒にトレーニングに参加し、グループ討議などにおける具体的な言動を間近に見てもらうことで、市場で通用する人材かどうかを見極めてもらうわけです。

コードに則った役員トレーニングを実施する目的は、カゴメ社内で活躍する役員を育成するためだけではありません。社外取締役や一流講師からの厳しい目線に晒されることで、市場価値のある役員を育成しているのです。こうしたトレーニングの積み重ねこそが、「強いカゴメ」の源泉です。

対談

役員トレーニングの舞台裏

コードに則るカゴメの役員トレーニングは、独自性の高い仕組みであろう。その舞台裏を対談で掘り下げる。

石山　役員トレーニングの場で、社外取締役が後ろの方で高みの見物をするのではなく、役員と一緒になってトレーニングに参加するというのには驚きました。社外取締役自身のあり方も問われますね。

有沢　うちは全員参加型ですから。社外取締役が役員の様子をチェックするだけでなく、役員も社外取締役が何を考えているのかを知ることができます。

石山　それはお互いにとって緊張感がありますね。

有沢　相互に機能して初めてガバナンスですよね。私は人事として、将来のカゴメが確実に成長戦略を取るための人材育成をしなければならないと考えていますから、当然です。

石山　社内の業務遂行だけでなく、役員の市場価値までも見極めるというのはすごいですね。

有沢　誤解を恐れず申し上げれば、当社はともかく一般的に事業戦略は語れても、経営戦略を語れない役員は意外と多いように思います。しかし、「強いカゴメ」を目指すのであれば、

石山　マーケットの状況をふまえて経営戦略を語れることは必須でしょう。だからコードに則った人事戦略によって、事業戦略と経営戦略を橋渡しします。これにより役員はマーケットで通用する人材になるわけですから、カゴメにおいて人事戦略は別格で重要なんですよ。

有沢　なるほど。人事戦略の重要性をここまではっきりと言い切れる企業は少数ではないでしょうか。

石山　それは、社長が人事戦略の重要性をあまり理解できていないケースがあるからでしょうね。カゴメではコードに従わなければ監査に引っかかりますから、役員であれば参加せざるを得ません。役員に覚悟を持ってもらうという意味でもコードに従うという建て付けは有効に働いています。私からすれば極論ですがそもそも、外部の目に晒されることを嫌がるくらいなら役員を辞めたほうがいいと思いますけどね。

有沢　ちなみに、カゴメの人事戦略において有沢さんが最も大切にしていることは何ですか。

石山　透明性と客観性を担保することです。役員トレーニングには例外も贔屓もなく、全員に参加してもらいます。そこに参加することがトレーニングと見極めの場になるわけですから、恣意性のない役員の人選が社内外に明確になるわけです。それが部下たちに伝わることで心理的安全性が担保され、自らの目指すキャリアに向かって純粋に努力することができるようになります。

［図６－３］カゴメのHRビジネスパートナー体制

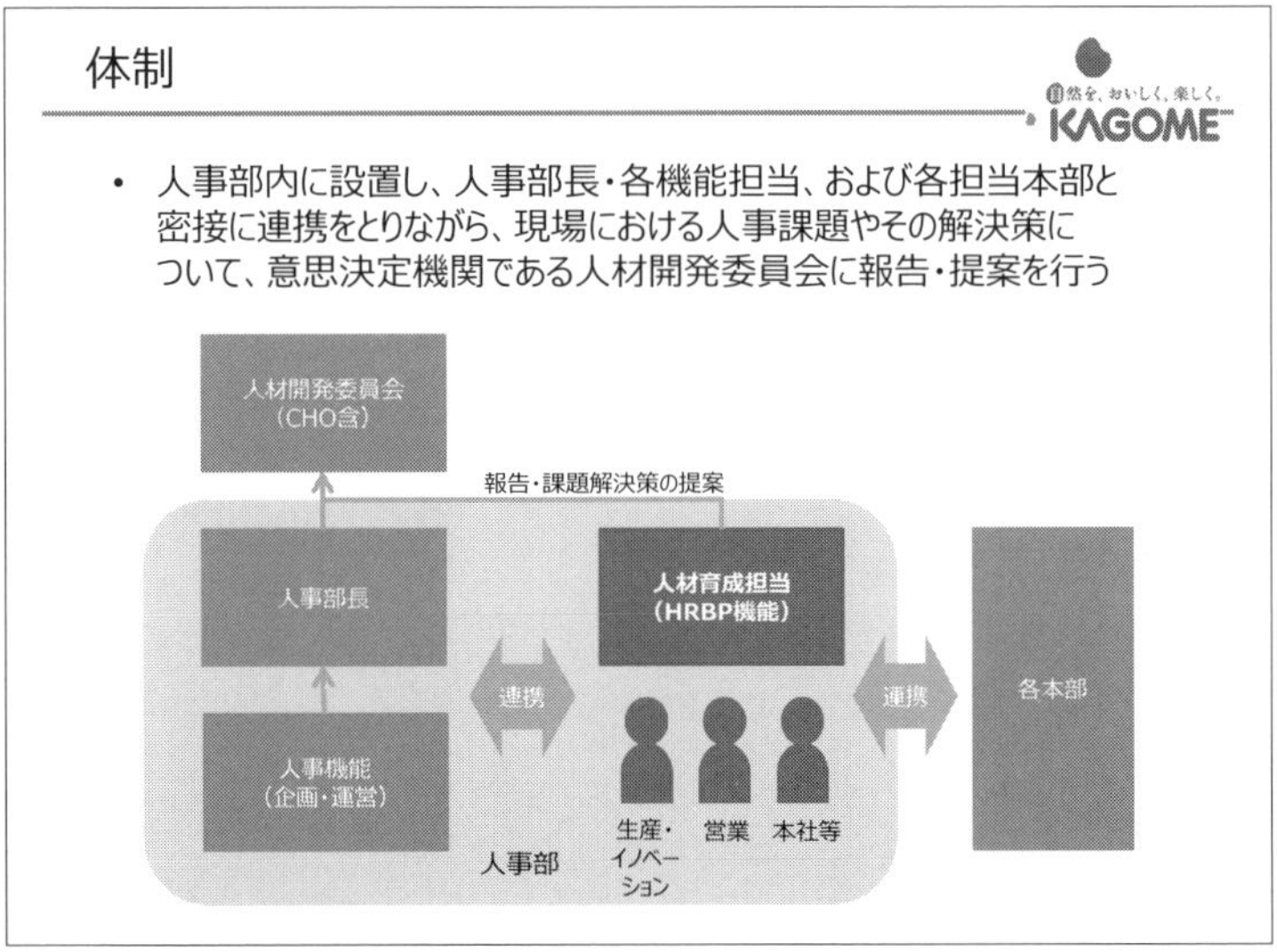

出所）カゴメ株式会社提供

石山　なるほど、トップから導入する意味がありますね。

４　ＨＲビジネスパートナー

ＨＲビジネスパートナーとは、経営の観点から人事を考えるポジションのことで、人事改革のトドメとして導入しました（図６－３）。カゴメは現在、「トマトの会社」から「野菜の会社」への変革・成長を目指しています。それに伴い、社員の自律的な成長は不可欠です。人材と組織の両面で社員の成長を支え、促進するために、カゴメでは２０１７年にＨＲ

ビジネスパートナー機能（カゴメでは「人材育成担当」と呼んでいます）を導入しました。

ＨＲビジネスパートナーは人材開発委員会の直属であり、人事部長と原則同格の権限を持ちます。現場の本部長と連携を取り、事業戦略を決めたり、現場の人事課題を把握したりしています。つまり、ＨＲビジネスパートナーに求められる要件は必然的に高くなります。

ＨＲビジネスパートナーには、現場経験が豊富であること、人事課題の解決に資する問題解決能力を備えていること、本部と経営をつなぐ人脈を持ち合わせていること、個人の成長を心から支援できる人間性を備えていること、を満たす人材を登用しています。また、これまでに人事経験がないことも条件としており、キャリアコンサルタント資格の取得も必須事項としました。

カゴメにおけるＨＲビジネスパートナーの役割

ＨＲビジネスパートナーには、社員のキャリア自律支援と、個人に紐づく問題の把握、そして、組織課題としての仮説設定と解決策の提案を行ってもらっています（図6-4）。

まず、社員のキャリア自律支援です。ＨＲビジネスパートナーは、社員の自己申告、つまり、この人が何をやりたいか、という情報を確認することができます。それを元に、支店長から新入社員まで、全員の面談を実施します。その際に、ＨＲビジネスパートナーは社員に対し「こうしろ」「ああしろ」とは絶対に言いません。その人が「何を」やりたいのか、「なぜ」やりたいのか

［図６－４］カゴメにおけるHRビジネスパートナーの役割

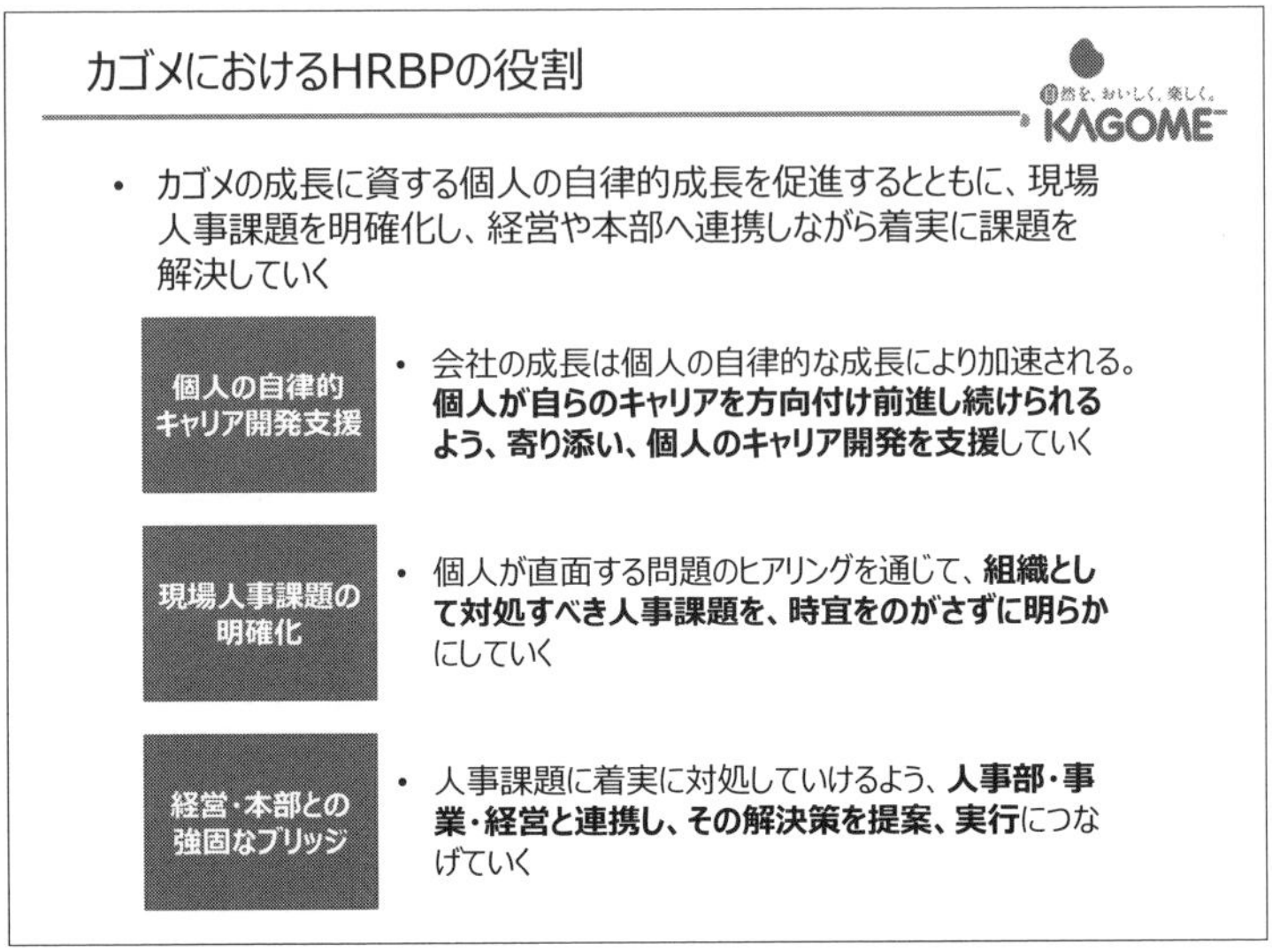
カゴメにおけるHRBPの役割
自然を、おいしく、楽しく。
KAGOME
• カゴメの成長に資する個人の自律的成長を促進するとともに、現場人事課題を明確化し、経営や本部へ連携しながら着実に課題を解決していく
個人の自律的キャリア開発支援
• 会社の成長は個人の自律的な成長により加速される。**個人が自らのキャリアを方向付け前進し続けられるよう、寄り添い、個人のキャリア開発を支援**していく
現場人事課題の明確化
• 個人が直面する問題のヒアリングを通じて、**組織として対処すべき人事課題を、時宜をのがさずに明らか**にしていく
経営・本部との強固なブリッジ
• 人事課題に着実に対処していけるよう、**人事部・事業・経営と連携し、その解決策を提案、実行**につなげていく

出所）カゴメ株式会社提供

について、つまりは「Ｗｈａｔ」と「Ｗｈｙ」だけで、じっくりとヒアリングします。

　またＨＲビジネスパートナーは、個人に紐づく問題の把握も行います。もちろん現在のことだけでなく、未来も含めた把握です。人材育成担当は豊富な人脈も活用しながら、日常会話の中でもそうした情報を集めることに長けています。たとえば、社員のご家族で、その時点で介護が必要な方については、どの企業の人事も把握していらっしゃるでしょう。カゴメではそれに加えて、今後、介護の必要性が生じる可能性のある社員についても把握するように努めています。社員が、今後、介護に携わる可能性があるとすれば、そのときにご両親の住む地域に異動できる余地を作っておくのです。

対談

カゴメのHRビジネスパートナーの独自性

HRビジネスパートナーという機能自体は、他社にも存在する。しかし、カゴメのHRビジネスパートナーとは本質的に異なる役割・機能を有している。その独自性について、対談で掘り下げる。

石山　カゴメのHRビジネスパートナー（人材育成担当）は、外資系などのグローバル企業におけるものとは、根本的に異なるように見えます。

有沢　私は、さまざまな企業のHRビジネスパートナー導入を見てきました。その中で既存のHRビジネスパートナーは、多くは部門利益の代表のような存在であり、会社の全体最適についでは今ひとつ貢献できていないように感じることが多かったのです。たとえば営業部門なら、そこでこういう人を育てたい、こういう人を採用したいとか、部門のことを中心に語られることが多いと思います。またHRビジネスパートナーの評価も該当事業部門長が行うことが多いと感じます。私は、極論を申し上げれば事業部門の顔色を見ながらやる

石山　ＨＲビジネスパートナーはこれからは厳しい状況に置かれると思います。

有沢　３名のＨＲビジネスパートナーを選ばれたとのことですが、みなさん、すんなり納得しましたか。

石山　みんな、突然ＨＲビジネスパートナーになれと発令されて、「なぜ私が？」という反応でした。しかし今や、ＨＲビジネスパートナーは社内で認知され、担当したいという希望者も増えています。

有沢　ＨＲビジネスパートナーの３名の連携はどのように行われているのでしょうか。

石山　前に、経営戦略と事業戦略の架け橋となるのが人事戦略だとお話ししましたが、まさにその担い手がＨＲビジネスパートナーなんです。現場には経営戦略や事業戦略を伝え、人事や経営には現場の痛み・苦しみを伝える役割です。事業と人事部と経営を連携するのがカゴメの特徴です。ですから、ＨＲビジネスパートナーは、よく話し合って情報交換していますよ。

有沢　ＨＲビジネスパートナーの連携により、どのような変化が生まれるのでしょうか。

石山　「横の異動」が行われるようになりました。たとえば、工場長が支店長になるような異動です。営業経験がなくても技術の裏付けが豊富なことで従来の営業に新たな付加価値が付けられるという判断です。

［図6－5］グローバル人事制度の全体像

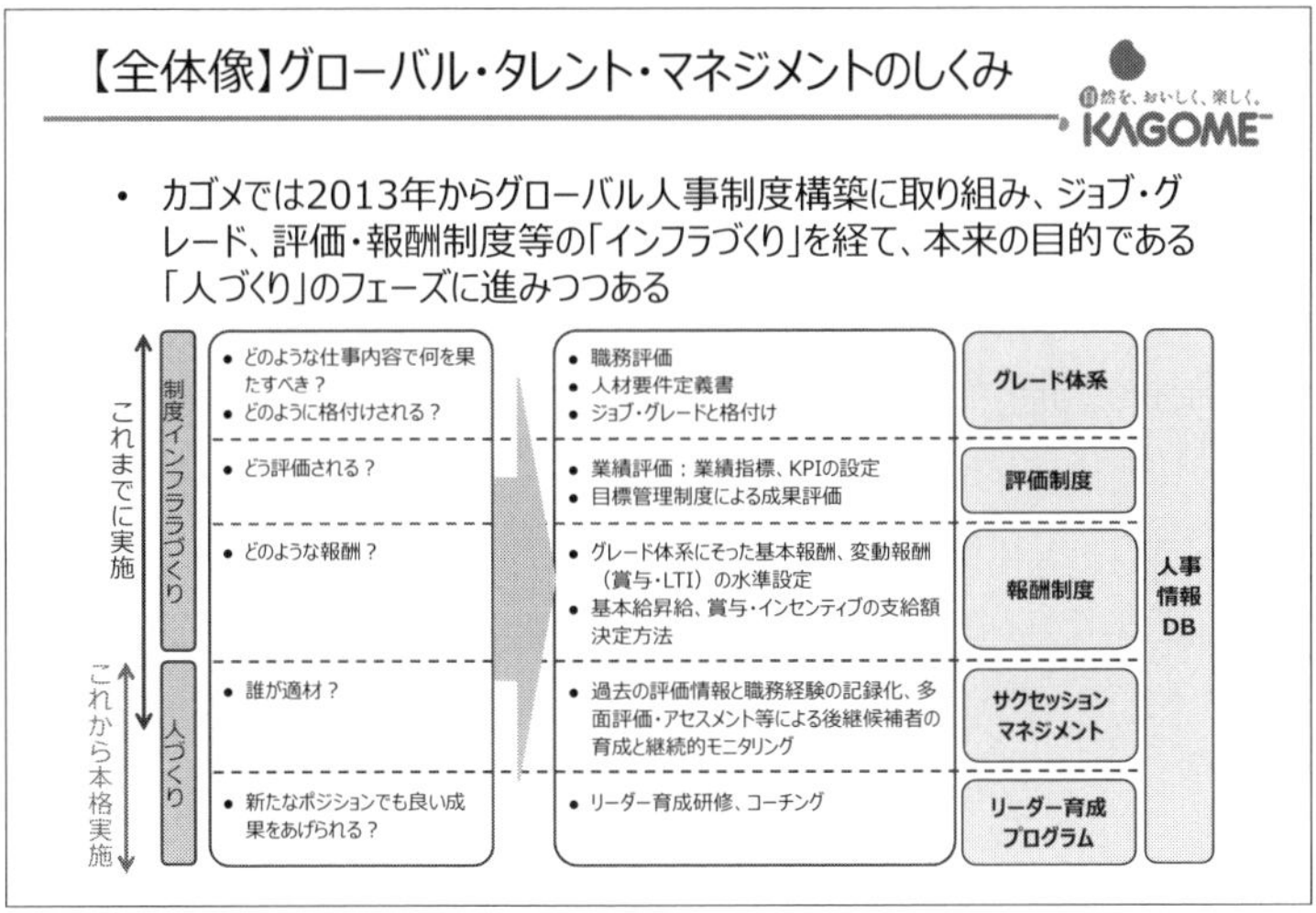

出所）カゴメ株式会社提供

石山　なるほど。ＨＲビジネスパートナーが得た情報を抱え込むのではなく、連携することで横の異動ができるというわけですね。

有沢　そうなんです。これもやはり、立場が上の人からやることが大切です。工場長が支店長になるというシンボリックな出来事を社員が目の当たりにすることで、「今は営業にいるけれど、工場の間接部門や品質管理に異動できるかもしれない」というふうに、社員の可能性が広がるわけです。

石山　ＨＲビジネスパートナーとＣＨＯである有沢さんとの連携はいかがでしょうか。

有沢　報告は受けますけれど、ＨＲビジネスパートナーの情報交換や決定プロセスに対し、私はほとんど関与しません。その代わり社内人事の最高意思決定機関である「人材開発委員会」が関与するくらいでしょうか。

石山　既存のＨＲビジネスパートナーとはまったく異なる新しい取り組みですね。

有沢　今のところ最新の打ち手であり、カゴメの人事戦略のトドメでもあります。２０１３年からグローバル人事制度の構築に取り組み、職務等級、評価・報酬制度などの「インフラづくり」を経て、現在は本来の目的である「人づくり」のフェーズに進みつつあります。

石山　２０１３年に策定した人事戦略を具体的に運用していくとこうなる、という素晴らしい事例ですね。こちらの図（6－5）も、Ｗｈｙ（左側の項目）とＷｈａｔ（中央の項目）で構成されていて分かりやすいです。

5　ＫＰＩ評価シート

最後に、ＫＰＩ評価シートをご紹介します。前述のとおり、カゴメでは職務記述書は作りません。人材要件定義書とＫＰＩ評価シートがその代わりを務めます。

では、ＫＰＩ評価シートの内訳です。人材要件定義書からミッション、アカウンタビリティを引用して記載します。組織目標を記載したあと、各組織目標につき最大５つの課題を設定できます。これがイコール、職務記述書になるというわけです。

ペイ・フォー・パフォーマンスを実現するために、社員は曖昧な目標を立てられない、上司は恣意的な評価ができないような工夫をしてあります。目標については基本的にすべて定量化、あるいは具体的に実施の有無が明確になるよう記載する必要があります。これは間接部門であっても同様です。有言実行をした人に、適切にかつ適正な報酬が支払われる仕組みです。

また、ＫＰＩ評価シートはイントラネット上で全社員が相互に閲覧できるようにしています。すべてを公開することにより、誰がどんな目標を立てているのか把握して、自らの課題と連携させることができます。役員から順番に、カスケード（連なった小さな滝のように、連鎖的・派生的に伝わる仕組み）方式で作成・公開することで、部下は上司の目標を参照し、自分の目標を自分で設定できます。ちなみに最大３つまで、自分にとって大切な目標を明示しておくことができます。

作成にあたって、前任者のＫＰＩ評価シートを閲覧することも可能です。ただし、前年度のコピー・ペーストはできない仕様にしてあります。新しい価値を生み出すことは仕事の一部ですから、前年と同じことを書くことはあり得ません。

対談

目標の主体性と評価

ＫＰＩシートには、目標を立てる本人の主体性を高めるなど、さまざまな意義がある。こうした意義を対談で掘り下げる。

石山　自分で目標設定すると、責任感も増しますね。

有沢　そのとおりです。社員は上司のＫＰＩ評価シートを見て、自分でやるべきことを考えて記入する仕組みです。

石山　まさにキャリア自律ですね。

有沢　はい。そして、ビジョンを共有するとは、こういうことじゃないかと思います。いくら社長が声高にビジョンを語っても、新入社員は何をしたらいいかわかっていない、ということはよくありますよね。カゴメでは、公開されているＫＰＩ評価シートによってビジョンが共有され、自分が何をすべきかを自分で考えられるようになっています。

石山　評価についてはいかがでしょうか。最近ではコロナ禍でリモートワークが一般的になり、管理職からは「部下の仕事ぶりや成果が見えない」という悩みをよく聞きます。

有沢　カゴメでは、ほとんど耳にしたことはないですね。

石山　企業ではよく、達成度を5段階で評価するということもありますよね。

有沢　それではうまく機能しないのではないかと思います。曖昧で、人によって解釈が分かれますからね。カゴメのＫＰＩ評価シートは、原則やったか、やらなかったか、そしてどこまで行ったかということで評価します。したがって上司が替わっても同じ評価を下せるようになっています。やった人に報いるための報酬制度がペイ・フォー・パフォーマンスなんです。だから、コロナ禍で会えないから評価ができない、ということはカゴメにはありません。

石山　ごまかしもお手盛りもなし、ということですね。

有沢　はい。そして、各個人のＫＰＩを全社員で共有することが大切なのです。

石山　確かに、ＫＰＩはたいてい、上司と部下だけの間で秘密にしていますからね。

有沢　2人だけで仕事をしているわけじゃないですからね。みんなで共有しないと、組織目標は達成できません。

第7章

CHROに求められる経験・能力

カゴメ株式会社提供

▼本章の概要とねらい

本章は有沢氏のキャリアに基づき、ＣＨＲＯに求められる経験・能力を、可能な範囲で一般化してまとめて提示したい。

1　ＣＨＲＯに求められる経験・能力

本章は再び筆者（石山）が担当する。ＣＨＲＯに求められる経験と能力は多岐にわたる。研究としてまとめるのであれば、通常は、かなり多くの人数のＣＨＲＯをインタビューし、観察して、その共通的な要素を抽出することになる。そして筆者は、日本の尊敬すべき、才能溢れる多くのＣＨＲＯを知っている。ＣＨＲＯに求められる経験と能力を知りたいなら、本来は、そうした方々に共通する要素を調査すべきだろう。そして、いくら傑出した人物であっても、たったひとりの経験と能力を一般化することには慎重でなくてはならない。

いきなり言い訳がましくて申し訳ないが、これらのことを重々承知の上で、有沢氏の経験と能力をＣＨＲＯに求められるものとして一般化することに挑戦してみたい。本書をここまで読み進

［表7－1］CHROに求められる経験と能力

経験	能力
財務とマーケティングの専門知識の獲得	人事の専門知識
	人事以外の専門知識
越境経験と異文化コミュニケーションの経験	ファクトに基づく課題特定力
	構想力とシンプルな表現力
顧客としての経営者との対峙	経営者との協働力
修羅場経験	共感力と異文化コミュニケーション力
挫折経験	
現地で共感して、徹底的にファクトをつかむ	説明責任を果たす能力
	親しみやすさ
人事が社員の人生を左右することの理解（そのため合議制を重視する）	レジリエンス力
	多様性の尊重と個人の能力への信頼（性善説）
経営者からの薫陶	
M&Aなどの事業再構築の経験	
コーポレートガバナンスとの関わり	
人事の専門知識の獲得	

出所）筆者作成

められてきた読者であれば、筆者がそのような挑戦をしたくなることに共感してくれるのではないだろうか。なるほど、こんな経験があるから、こんな能力が育まれ、そしてこんな要点を考慮して人事改革が実行された。そうした一連の流れが見えてくるのではないだろうか。CHROに求められる経験・能力を一覧にまとめてみると、表7－1のようになる。表の項目について、順次説明していきたい。

2　ＣＨＲＯに求められる経験

財務とマーケティングの専門知識の獲得

有沢氏の銀行時代の主要業務は、財務知識に直結していたといえよう。粉飾を見抜く力量があるばかりか、ＨＯＹＡにおいては財務デューデリジェンスを行うまでになっていた。またマーケティングについては、海外ＭＢＡで専門知識を習得するとともに、経営者とのやりとりの中で革新的なマーケティング施策を実行するに至っていた。さらに戦略コンサルティング会社とのプロジェクト経験によって、その実践力も鍛えられている。

越境経験と異文化コミュニケーションの経験

幼少期、有沢氏は親の転勤により、多くの転校を経験せざるを得なかった。これは、慣れ親しんだホームから、見知らぬアウェイに連続的に移動していくという、一種の越境経験であろう。有沢氏は転校した地での方言を必死に覚えるなど、友だちを作る努力も重ねていた。このように、幼少期から有沢氏は初対面の他者の心を開くコツを身につけていく。

この越境経験が、異文化コミュニケーションに活かされていく。銀行時代の海外ＭＢＡでまず異文化コミュニケーションを会得することになる。その後、各社で人事改革を進めていく中で、米国本社と現地法人としての日本、または日本本社と海外現地法人と立場は異なるものの、国を越えた協働を進め、ますます異文化コミュニケーションの能力が磨かれていくことになる。

顧客としての経営者との対峙

バブル崩壊後の銀行時代、有沢氏は顧客企業の不良債権を回収する業務に従事した。これは最終的には、顧客企業の格付けの維持につながるものであり、本質的に経営者と敵対するものではない。しかし、経営者からしてみれば、苦しい中で資金を回収しようという行為は、容易に受け入れられないものであったろう。

そうした厳しい状況の中では、経営者と深い信頼関係を築かなければならない。深い信頼関係のためには、論理的な経営の合理性の観点からも説得しなければならないし、同時に有沢氏自身の人間性そのものの開示や、経営者への深い共感が必要となる。そうした過程で、人に共感し、論理的に厳しいことも伝えつつ真摯に接し、懐に飛び込むという能力が研ぎ澄まされていったことだろう。

修羅場経験

顧客としての経営者との対峙は、もちろんひとつの修羅場体験である。これに限らず、有沢氏は連続的に修羅場を経験している。銀行時代の業務量の多さや、業務改善命令で銀行の責任を問われたことへの対応はそれに該当するだろう。その後の構造改革、海外本社とのやりとりも該当するだろう。こうした責任が重く、同時に量的にも負担が多く、常に高いストレスにさらされる経験を連続的にこなしてきたことで、胆力やレジリエンス力（逆境にあっても回復していくことができる心の状態）につながっていたのだろう。

挫折経験

さまざまな修羅場は、もちろん簡単に乗り越えられるものではない。実際、有沢氏は銀行時代に体調を崩し、同時にご家族の看病を行うため、昇進を目指したハードワークと距離を置いた時期もあった。また構造改革を推進したことで、愛着のある銀行を辞めるという決断に至ったことも、有沢氏にとって挫折と感じられることではなかったのだろうか。こうした挫折を経験したことは、レジリエンス力にもつながるが、同時に苦しい思いをしている人々への細やかな共感力をも醸成しているのではないだろうか。

現地で共感して、徹底してファクトをつかむ

有沢氏の人事改革は、どの会社でも、まずは徹底してファクトをつかむところから始まる。では、どのようにファクトをつかむかといえば、それは現地で当事者に共感し、対話を重ねることを通して行う。徹底してファクトをつかむことが、人事改革につながるという成功体験が、この姿勢をより強化していったのだろう。

こうした姿勢は、偶然性を的確に利用することにも通ずる。有沢氏が地域カードを着想したのは、海外現地法人のメンバーが、日本の単身赴任に対して「それは何かの罰か」という感想を述べた、何気ない会話がきっかけだった。こうした何気ない会話を見逃さずに着想に活かすことができるのは、現地で共感し徹底してファクトをつかむ経験の積み重ねがあったからこそ、であろう。

人事が社員の人生を左右することの理解（そのため合議制を重視する）

有沢氏は銀行時代に先輩から、人事異動がその当事者の一生に影響する重要性を厳しい言葉とともに伝えられた。さらに人事異動に一定の合理性、公正性を担保するためには、その必要性を客観的に他者に説明できることが求められる。ひとりひとりへの影響を真摯に考え、合議制で多くの時間を割いても客観的な議論を進めてきた経験が、カゴメにおけるＨＲビジネスパートナー

の着想につながった。

経営者からの薫陶

有沢氏はそのキャリアの中で、自社の経営者、社外取締役（他社の経営者）など、多くの傑出した経営者から薫陶を受け、自身の思考の枠組みを乗り越える経験を重ねてきた。ＨＯＹＡで社長のサクセッションプランのあり方を見直したことは、その典型例であろう。

だからこそ、人事改革にあたっては経営者と人事部が二人三脚で臨まなければ成功しないことを痛感していた。その結果、カゴメの人事改革で全面的な経営者の後押しを獲得することを実現できた。

M&Aなどの事業再構築の経験

修羅場経験と挫折経験においても述べたように、有沢氏は多くのＭ＆Ａなどの事業再構築の経験を重ねている。そして、それは個人に痛みをもたらす場合もある。当然ながら、事業再構築を進める人事部門の担当者も、そうした痛みから深刻な影響を受けることもあろう。

こうした痛みの発生を重々承知のうえでも、経営の必要性の観点から事業再構築を進めなければいけない局面も多々あるだろう。経営の必要性と個人の痛みのバランスに配慮し、全体的な視野で数多くの事業再構築を進めた有沢氏の経験は、人事改革を行ううえでの強みになっている。

コーポレートガバナンスとの関わり

有沢氏はＨＯＹＡで、先駆的な委員会設置会社の取り組みの効果を実感し、またその際、指名委員会・監査委員会・報酬委員会の事務局を務めた。人事担当者が委員会設置会社の委員会に関する業務を全面的に担当する経験は、珍しいことなのではないだろうか。

しかし、特に指名委員会、報酬委員会に関わる事項は、サクセッションプランや人事評価・報酬制度などの人事施策に直結する。社長のサクセッションプランや報酬を検討することは、その後、役員、幹部社員、管理職などより広範囲に波及する可能性が高い。また、コーポレートガバナンスに関わる事項については、透明性とひとつひとつの判断への説明責任が求められる。有沢氏のコーポレートガバナンスとの関わりの経験は、透明性の確保、説明責任の履行を前提にサクセッションプランや人事評価・報酬制度を展開していく能力の醸成につながっているといえよう。

人事の専門知識の獲得

ここまで述べてきたことも含め、有沢氏のキャリアにおける人事実務の経験が人事の専門知識の獲得につながっていることは否定のしようがない。ただ、海外ＭＢＡで、有沢氏が人的資源

（ヒューマンリソース）を体系的に学んでいることも注目できる。このように有沢氏は人事の専門知識について、ＭＢＡのような形式知化・体系化された知識と、実務の中の暗黙知化している知識を巧みに統合して学んでいた。

3　ＣＨＲＯに求められる能力

人事の専門知識

ここでいう人事の専門知識とは、前節でも述べたように形式知化・体系化された知識と、実務の中の暗黙知化している知識の組み合わせである。サクセッションプランや人事評価・報酬に関わるものが中核的な知識ともいえるが、より広く戦略人事とサステナブル人事を実現するための知識全般が対象とみなすことができよう。

人事以外の専門知識

前節でも述べたとおり、有沢氏が重視していた人事以外の専門知識は、財務、マーケティング、コーポレートガバナンスに関わる知識であった。これらの知識がなぜ重要かといえば、戦略人事の遂行に必要なビジネスへの理解・予見力につながるからである。ＣＨＲＯが自社のビジネスをどれだけ深く理解できるかということが、戦略人事の実現を大きく左右するといっても過言ではないだろう。

ファクトに基づく課題特定力

第1章で、日本の人事部門が陥りがちな課題として、「人事は流行に従う」と評されるような「流行人事」があると指摘した。たとえば、人事施策の唯一の正解があり（たとえばジョブ型人事）、その正解を人事コンサルティング会社にいわれるがまま導入してしまう場合が、この典型例である。

有沢氏の人事改革の進め方が、それとまったく異なることは明らかである。有沢氏の人事改革は、まずファクトの徹底的な把握から始まる。そのために、世界各国の現場を自ら訪れ、人々と対話し、ひとつひとつファクトを収集する。そして膨大なファクトを整理し、自社に特有の課題に優先順位をつけ特定していくのである。この自社の歴史、文化、業務特性、ビジネスモデルに基づく課題の特定があるからこそ、横並びの人事施策が採用されることはない。実際、有沢氏は銀行時代に人事コンサルティング会社と協働していたが、その会社が勧める職務記述書は銀行の実態にあわないとして、採用しなかった。

構想力とシンプルな表現力

図4－6（115頁）および図6－5（161頁）を再びご覧いただきたい。これらの図には、グローバル人事制度の全体像が分かりやすく描かれている。課題を特定した後、すぐに有沢氏は改革の全体の絵図を有機的に描いている。個々の施策をバラバラに導入しても効果は限定的である。そこで、導入の順序も含めて、課題に対応したグローバル人事制度のつながりが最初の段階で構想されている。

すべての施策のつながりを示すとすれば、通常は複雑になりがちである。しかし、図4－6および図6－5のように、一枚の絵図で全体像が簡潔に示される。有沢氏は、誰が見ても一目で理解できるようでないと、人事改革は進まないとしている。施策全体を時系列を含めて構想し、なおかつそれをシンプルに表現することは、多くの関係者から人事改革への理解を得るためには欠かせない力であろう。たとえば、戦略コンサルティング会社とのやりとりなどの業務経験が、これらの力を醸成したのではないだろうか。

経営者との協働力

人事改革を進めるうえで、経営者との協働は必須要件であろう。有沢氏は、そのキャリアにおいて、経営者と人事部門の二人三脚こそが人事改革を成し遂げることを悟っていた。カゴメの人事改革においても、まず経営者から改革の実施に全面的な賛同を得、推進する権限は委譲してもらい、要所要所で改革の後押しをしてもらったことが最大の成功の要因となっている。経営者からの信頼を獲得し、改革に巻き込み、協働する力はＣＨＲＯの重要な能力であろう。

共感力と異文化コミュニケーション力

共感力は、ＣＨＲＯの能力の基盤ともいうべき役割を果たしている。社員への徹底した共感があるから、対話ができ、ファクトの把握もできる。あるいは社員への共感に基づき、サステナブル人事の重要な施策も着想できる。加えて、経営者への共感力があるから、経営者との信頼関係の構築もできる。

さらに海外と同時に改革を進めていくためには、異文化コミュニケーション力が必要となる。海外現地法人のメンバーの多様性を尊重し、信頼関係を構築して対話を進める力である。異文化コミュニケーション力が結実した結果として、カゴメの改革の初期の段階で有沢氏が登用したオーストラリアの人事メンバー２名は、その後の改革推進の伝道者として活躍することになった。

説明責任を果たす能力

改革はさまざまな痛みを伴う。既得権を手放すことになる人もいる。こうした痛みの発生については、その説明から逃げることなく、正面から行う必要がある。その際、簡明に誰でも理解できるように、改革を進めるＷｈｙ（なぜ実施したのか＝施策の意義）とＷｈａｔ（何を実現しているのか＝施策の意味）を語る必要がある。ＷｈｙとＷｈａｔをわかりやすく語り、関係者の理解を得ることができることが、説明責任を果たす能力を意味しよう。

親しみやすさ

筆者（石山）にとって有沢氏は、飲み会でおもしろい話題を語り合える人である。筆者の場合、それはアニメの話題になるが、本書の打ち合わせでお会いした際は「シン・エヴァンゲリオン」の映画の封切り直後であり、有沢氏が上映に一番乗りした話題で盛り上がった。実は本書の対談の中でも、「進撃の巨人」「呪術廻戦」「鬼滅の刃」の比喩も多く使われたのだが、必ずしも読者全員に伝わるとは限らないので、泣く泣くカットさせていただいた。

有沢氏はエンターテイメントなら何でも御座れで、ドラマ、音楽、野球などの話題が途切れることはない。カゴメのスケジューラーの就業時間外の予定は、コンサート、スポーツ観戦、映画などで埋め尽くされている。こうした点を包み隠さず公開しているところが親しみやすさにつながる。親しみやすさがあれば、社員と経営者の信頼を獲得しやすいだろうし、また自身の耳に痛い情報も収集しやすいであろう。

海外出張する際に、日本人出向者に何が必要かを聞き、木工用ボンドを運んでいくことも親しみやすさを象徴するエピソードである。それだけでなく、セネガルでは現地のチェブジェンを駐在員と共に食している。こうした行動の積み重ねも、親しみやすさにつながるのであろう。

レジリエンス力

前節で述べたように、有沢氏には深刻な挫折経験がある。誰しも、挫折し、しばらくは立ち直れない時期があるだろう。問題は、その後、挫折から回復し再び前を向くことができるかどうかであろう。この点に関し、近年注目されている考え方がリジリエンスである。端的に言えば、挫折から回復することができる力である。苦しいことがあっても、再び前を向ける力は、人の痛みを理解しながら改革を推進するＣＨＲＯには欠かせない能力であるだろう。

ちなみに、近年の研究では、リジリエンスの要点は自分自身とうまくつきあいながら決断をしていくことだとされているが、そうした力を醸成するには、ストレス経験としての転校、転居、転職を乗り越えることが重要であるそうだ。[32]有沢氏にとっては、これらの経験が糧になったのであろう。

多様性の尊重と個人の能力への信頼（性善説）

有沢氏の人事改革に通底する考え方は、多様性の尊重と個人の能力への信頼（性善説）であろう。有沢氏はもちろん女性活躍を推進しているが、ダイバーシティの本質とは「さまざまな価値観を持った人材が集まり、健全な議論とコンフリクトが起こること」だと述べている。年齢・性別・国籍など表層的な条件で多様性を確保することも大事なのだが、より深層的な個人の価値観の違いで、個人が気兼ねなく異なる意見を表明できることが重視されるのである。

この個人の意見の尊重は、個人の能力への信頼（性善説）によるものだろう。カゴメのサステナブル人事は、キャリア自律という考え方が前提となり、研修への参加も昇進も個人の意思が尊重される。これは人事において人は性悪説で管理するものではなく、性善説で本人の意思を尊重すれば成長していくものだ、という考えによるものだろう。そうであればこそ、その個人の考えは多様性としても尊重される。多様性の尊重と個人の能力への信頼は、車の両輪のようなものであろう。

４　人事コンピテンシーとＣＨＲＯに求められる能力の関係

前節のＣＨＲＯに求められる能力は、あくまで有沢氏個人の事例から抽出したものである。他方、人事担当者のコンピテンシー（端的に言えば、高業績者の行動特性）には研究の蓄積がある。その代表的な研究[33]によれば、次の６つのコンピテンシーが人事担当者にとって特有であり、重要なものとされている。「信頼される行動家（個人に対する信頼）」「文化と変革の執事（戦略への貢献）」「人材の管理者・組織の設計者（人事の職務を全うする）」「戦略の構築家（戦略への貢献）」「業務遂行者（人事の職務を全うする／人事テクノロジー）」「ビジネスの協力者（ビジネス知識）」の６つである。

筆者は講演などで、この人事コンピテンシーを紹介することがあるが、次のような反応を受けることが多い。「たしかに納得できる内容だし、人事担当者としては持つべきコンピテンシーだろう。しかしあまりにもレベルが高すぎて、超人的な人にしか持てない内容のように見える。また、内容が抽象的なので、どうやってこうした能力を身につければいいのか分からない」。実はこうした意見には、筆者も同意するところがあった。こうした高度で抽象的な内容について、どうやって能力開発できるのだろうか。しかし、前節のＣＨＲＯに求められる能力と6つの人事コンピテンシーをあらためて突合してみたところ、その関連性は非常に高く、率直に言って筆者は驚いた。具体的には次のとおりとなる。

「信頼される行動家（個人に対する信頼）」については、「共感力と異文化コミュニケーション力」「親しみやすさ」「レジリエンス」が対応するだろう。共感や親しみやすさが信頼につながることは言うまでもない。またレジリエンスのように挫折から回復したことのある個人は、他者の挫折に対しても細やかな配慮ができるので、やはりＣＨＲＯ個人に対する信頼が生まれるだろう。

「文化と変革の執事（戦略への貢献）」については、「ファクトに基づく課題特定力」「構想力とシンプルな表現力」「説明責任を果たす能力」が対応するだろう。ＣＨＲＯが課題を特定し、シンプルな表現でその課題を解決する施策を構想し、その実行に際して説明責任を果たしていけば、変革は進捗し、文化が醸成されていくだろう。

「人材の管理者・組織の設計者（人事の職務を全うする）」については、「人事の専門知識」「ファクトに基づく課題特定力」「構想力とシンプルな表現力」が対応するだろう。人事の専門知識に基づき、課題を特定し、施策を構想していけば、人材と組織に関わる職務を全うすることができよう。

「戦略の構築家（戦略への貢献）」については、「人事以外の専門知識」「ファクトに基づく課題特定力」「構想力とシンプルな表現力」「経営者との協働力」が対応するだろう。財務、マーケティング、コーポレートガバナンスの知識を有し、課題を特定し、施策を構想し、経営者と協働することこそ、戦略の構築につながるだろう。

「業務遂行者（人事の職務を全うする／人事テクノロジー）」については、「人事の専門知識」が対応するだろう。人事の専門知識は人事の業務遂行の鍵である。

「ビジネスの協力者（ビジネス知識）」については、「人事以外の専門知識」「ファクトに基づく課題特定力」が対応するだろう。財務、マーケティング、コーポレートガバナンスの知識は、自社のビジネスへの深い理解に役立つ。「ファクトに基づく課題特定力」があれば、自社のビジネスの課題の把握に役立つだろう。

5　能力を高めるには

高度で抽象的な内容だった人事コンピテンシーも、ＣＨＲＯに求められる能力と対比してみれば、より具体化し、自身の能力を高めていくヒントが得られるのではないだろうか。しかし、それでも反論があるかもしれない。ＣＨＲＯに求められる能力は、有沢氏のキャリアにあるような特別な経験をしてこそ、はじめて育まれる能力だ。それがまた、高度すぎて参考にならない。

たしかに、誰しもが有沢氏のような経験をすることはできないだろう。しかし、それとまったく同じ経験をしなくても、能力を高めるヒントをつかむことはできるのではないだろうか。たとえば、「人事以外の専門知識」として財務、マーケティング、コーポレートガバナンスの知識を身につける方法は、海外ＭＢＡや委員会設置会社の委員会事務局の経験を必ずしもする必要はない。国内のさまざまな学習機関でも、十分に学ぶことができる。「共感力と異文化コミュニケーション力」であれば、業務の中での日常的なやりとりを、共感を意識して行うことでも育めるかもしれない。異文化コミュニケーション力なら、まずは第一歩として英語学習をはじめてもいい。「経営者との協働力」であれば、経営者でなくても、業務の中でなるべく上位層と関わり、その上位層を巻き込む努力をしてみてもいい。自分なりのさまざまな方法で、ＣＨＲＯに求められる能力に徐々に近づいていくことはできるのではないだろうか。

第8章

人事改革の原則

カゴメ株式会社提供

▼本章の概要とねらい

本章はカゴメの人事改革の成功要因を可視化してみたい。それによって可能な範囲で、人事改革を進めるプロセスと原則を一般化してみたい。

1　人事改革のプロセス

カゴメの人事改革のプロセスを一般化すると図8－1のとおり図示できるのではないだろうか。

ファクトに基づく課題の特定

まずは、現地に赴き、関係者と徹底的に対話したうえでのファクトの把握である。有沢氏のファクトの把握の徹底ぶりは、ここまで度々指摘してきたところである。その際は、その組織の歴史、文化、理念、ビジネスモデル、業務特性、人材の特徴などを十分に考慮しなければならない。それを考慮することで、その組織特有の課題が浮かび上がり、横並びの「流行人事」の改革施策に陥ることを避けることができる。

［図８－１］人事改革のプロセス

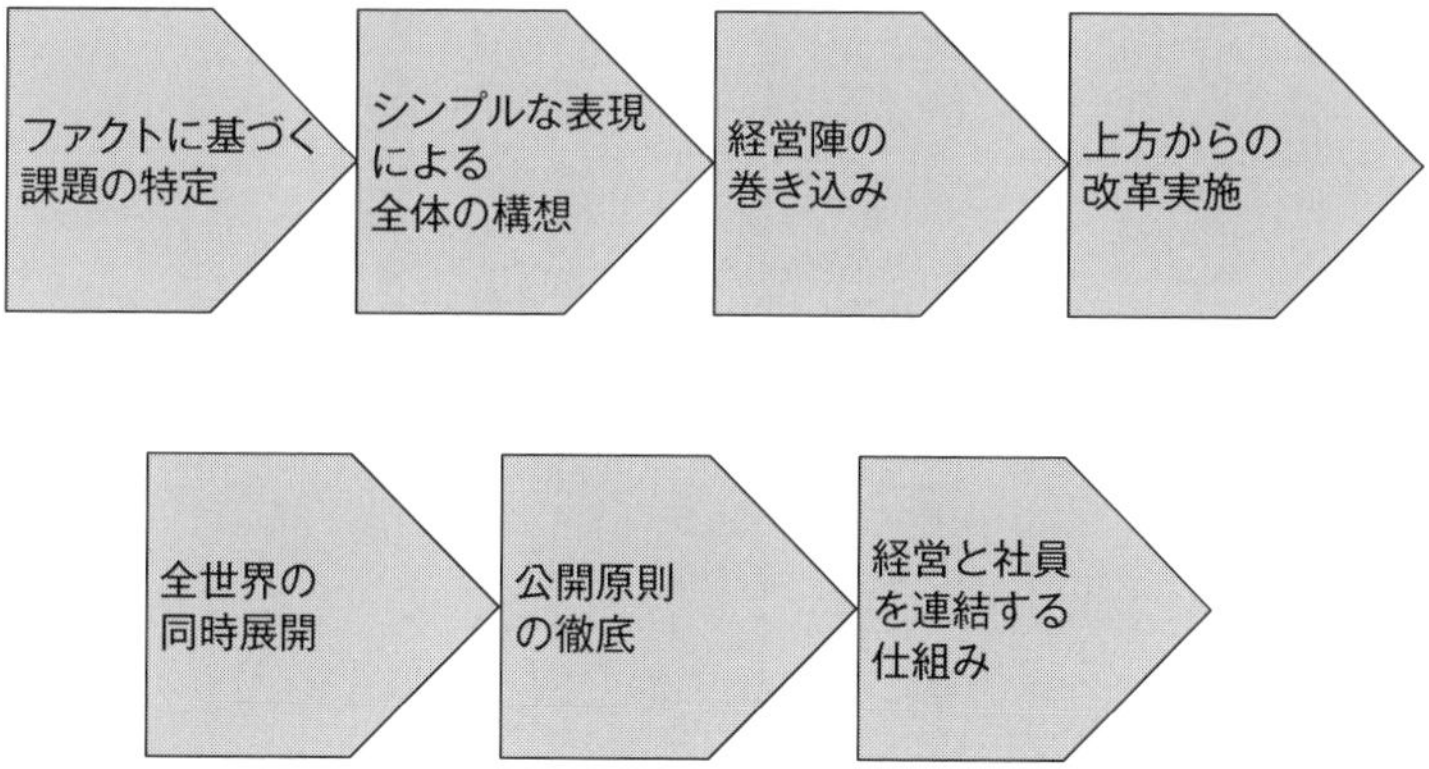

出所）筆者作成

課題は数多く浮かび上がるものと思われるが、優先順位をつけ重点的に取り組む課題を選定しなければならない。その際には、その組織が目指す中期計画、長期計画も考慮し、そのあるべき状態からバックキャスト（未来のあるべき状態から逆算して今を考える）する思考も必要だろう。

シンプルな表現による全体の構想

課題を特定した後に、有沢氏は人事改革の全体の構想を描いていた。それは施策間のつながりとともに、時系列（施策を行う順序）の両方を含んでいる。施策のはじまりから最終段階までの構想を描き、一気呵成に行わなければ、改革の実行は難しい。時間をかければかけるほど、既得権を守ろうという勢力の抵抗により、改革がなし崩し的に有形無実化してしまうからである。

しかし、施策間のつながりと時系列を含む全体像を提示しようとすれば、通常は絵図が複雑になってしまい、関係者の理解が進まなくなる。そこで、複雑な内容であってもシンプルに表現し、誰が見ても一目で理解できる資料の作成が必要になる。

経営陣の巻き込み

全体の構造を描くことができたら、次は経営陣の巻き込みである。全体の構想を説明し、人事改革の実行に全面的な賛同を得て、むしろ経営陣が積極的に矢面に立ち改革を実行したいと思うほどの巻き込みが実現しなければ、改革は難しい。そこまで巻き込むためには、全体の構想が優れていることも重要だが、むしろ特定した課題の深刻さをＣＨＲＯと経営陣で共有することが必須であろう。目指すべき未来の状態に対して特定の課題が深刻であれば、経営陣は何としてもそれを解決したいと思うはずだ。また、そうであれば、人事改革を経営の優先事項としてくれるだろう。カゴメの場合、グローバル人事制度の導入が、中期計画の重点事項の一番目に掲げられた。

上方からの改革

人事改革には痛みが伴う。そのため、誰しもが面従腹背で、改革の実施的な進展をやり過ごし、嵐が過ぎ去るのを待とうとする。そうした改革の有形無実化を回避するためには、上方からの改革が必須である。つまり、まずは経営陣が痛みを伴う改革を当事者として受け入れ、実行するのである。カゴメの人事改革は、社長と役員の報酬・評価の改革から始まった。上方からの改革が実現すると、社員は改革の本気度を体感し、真剣にそれと向き合うことになるのである。

全世界の同時展開

事業がグローバル展開している企業の場合、人事改革を全世界の同時展開（むしろ海外が先行しての展開）で進めることの効果は大きい。日本企業が進めようとしている人事改革は、むしろ海外現地法人になじみやすい内容であることが多く、導入の成功確率が高い。そのため、海外現地法人（特にその中の人事部門）が積極的に味方になってくれることもある。また、海外で成功できたのだから日本でも成功できる、という国内の改革推進の追い風にもなる。カゴメの人事改革も、オーストラリア、アメリカ、ポルトガルの主要拠点での成功、台湾、中国、トルコへの成功の波及を経て、日本の改革の成功につながっていった。

公開原則の徹底

人事改革のプロセスにおいて、その重要性を強調してもしすぎることのない要素が、公開原則の徹底である。カゴメの人事改革においては、上方からの改革としての役員評価・報酬制度の改革が社内報で公開された。これを皮切りとして、グローバル職務等級における各職務の等級、KPI評価シートの内容、あるいはスケジューラーまでが社内公開されている。こうした公開原則は、改革の公正性への信頼を高める。それだけでなく、社員個人がさまざまな事項を公開された情報に基づき主体的に判断できるので、キャリア自律を促進することになる。

実は、優れた企業の人事施策の特徴にオープンブック・マネジメントがあると指摘されている。[34] オープンブック・マネジメントとは、徹底した業績情報の社員への公開である。最近では、株式会社SmartHRが徹底した社内の情報公開を行い、経営上の効果をあげていることで知られている。社員が会社の情報を把握することで、現場でも、あたかも経営のように意思決定してほしい、との狙いがあるという。[35] 性悪説にたてば社員に情報公開をすることを逡巡してしまうかもしれないが、社員を自律した個人として信頼するならば、公開を推進することができるのではないだろうか。

経営と社員を連結する仕組み

人事改革が軌道に乗ってくると、次は経営と社員を持続的に連結する仕組みが必要となる。この関係性が乖離してくると、いずれ人事改革の成果が揺らいでくることになる。もちろん、CHROは経営と社員を連結する役割を担っているが、それ以外の仕組みを担保しておくことが望ましい。

カゴメの場合、経営と社員を連結する仕組みとして、ＨＲビジネスパートナーが導入された。有沢氏はＨＲビジネスパートナーを、「改革のトドメ」と表現している。ＨＲビジネスパートナーは経営と社員双方と対話し、その思いまで十分に把握したうえで、全体最適を目指した取り組みを推進する。ＨＲビジネスパートナーはけっして、部門利益を代表する存在ではない。カゴメのＨＲビジネスパートナーはカゴメ独自の仕組みであるが、同様に何らかの形で経営と社員を連結する仕組みは他社においても必要となろう。

2　人事改革における要素のつながり

要素のつながりの全体像

前節では、時系列に沿った（通時的な）人事改革のプロセスについて述べた。ここでは、時系列という条件を取り除いた（共時的な）人事改革の要素のつながりについて述べる。図8－2は、人事改革の要素のつながりの全体像を示したものである。

[図8－2] 人事改革の要素のつながり

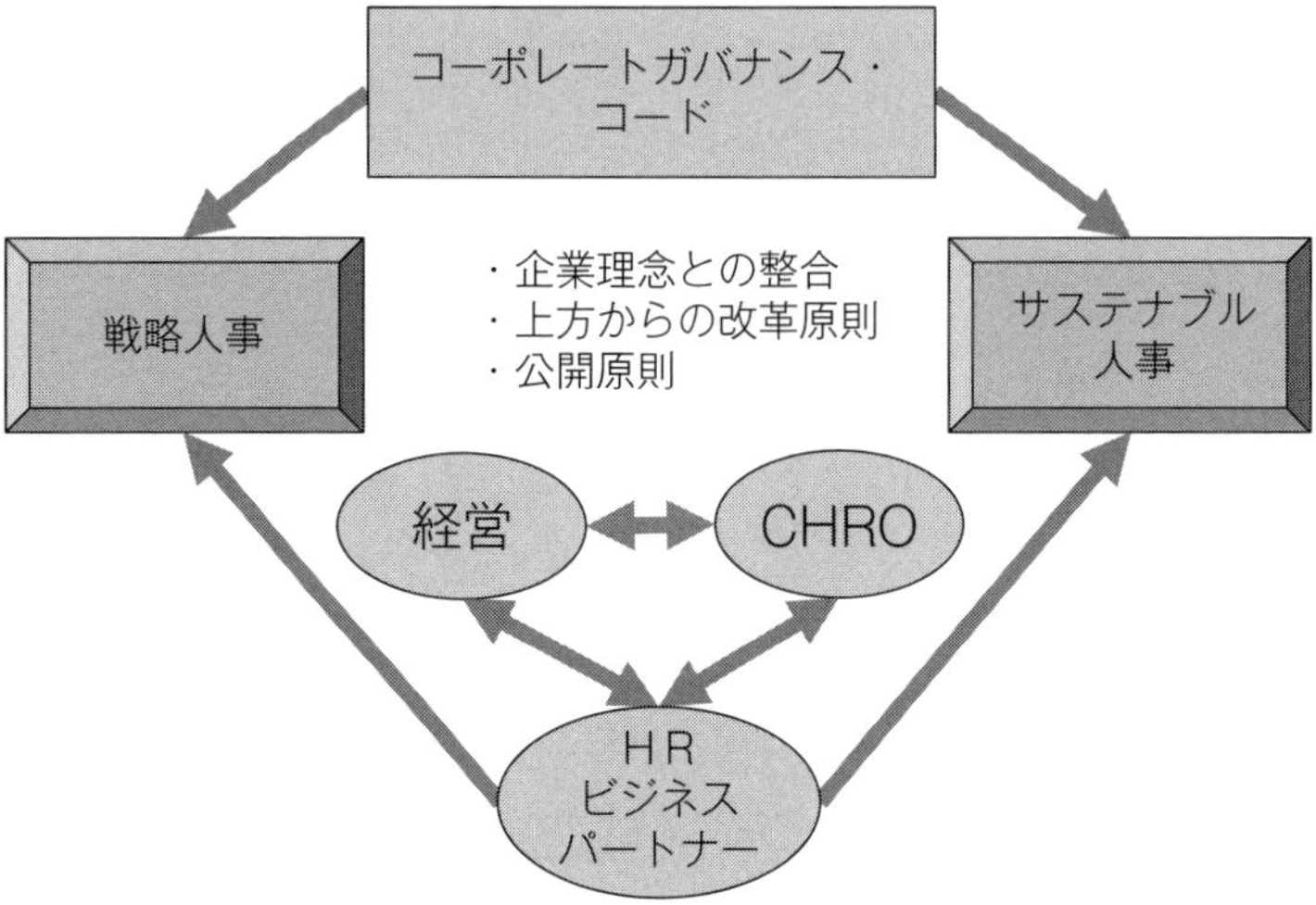

出所）筆者作成

戦略人事とサステナブル人事は分断して存在しているものではない。第1章でも述べたように、戦略人事とサステナブル人事は異なるものであり葛藤も生じるが、同時に高度な両立を目指すべきものである。しかし、高度な両立は難しい。そこで人事改革を進めるうえでは、戦略人事とサステナブル人事を高度に両立させる仕掛けが必要となる。

上部のつながり

要素のつながりとして、上部においては、コーポレートガバナンス・コードが戦略人事とサステナブル人事を連結する。コーポレートガバナンス・コードにおいては、企業が多様なステークホルダーを重視し、良好な関係性を築くことが示されている。また、企業の意思決定の透明性、迅速性を促進する考え方にもなる。コーポレートガバナンス・コードの具体的な影響は次のとおりだ。たとえば、戦略人事では、透明なプロセスにおいて、経営人の後継者・報酬を決定していくことがサクセッションプランと人事評価・報酬制度の改革につながる。サステナブル人事では、多様なステークホルダーとして社員を重視することが、社員の生き方改革につながった。また透明性の重視は、社員へのさまざまな事項の公開につながり、そのキャリア自律を促進する。これは、第1章で述べた三方よしの理念を、より発展、洗練した理念と捉えることもできる。コーポレートガバナンス・コードを守るべきものと考え、やむなくそれに従うのか、むしろ戦略人事とサステナブル人事を連結する攻めの理念として積極的に活用するのか、企業で考え方は分かれるだろう。カゴメでは、攻めのコーポレートガバナンス・コードの活用を行い、上部の理念として戦略人事とサステナブル人事を連結した。

中間の環境条件

戦略人事とサステナブル人事を連結する中間の3つの環境条件が、「企業理念との整合」「上方からの改革原則」「公開原則」である。「上方からの改革原則」「公開原則」の重要性は既に前節で述べたので詳細は繰り返さないが、この2つの条件が整えば社員は経営が改革に本気だと感じ、また公開原則で必要な情報を入手できるので主体的に意思決定できるだろう。あえて付け加えれば、公開原則は第1章で述べた、「説明善事」の考え方にも沿っている。「良いこと（改革）」を行ったつもりでも黙っていれば社員に伝わらない。「良いこと（改革）」をなぜ行ったのか、何を行ったのかについて徹底的に説明し、その結果生じた変化についてもできるだけ公開することは、説明善事の趣旨そのものであろう。

もう1つの重要な条件が、「企業理念との整合」である。いくらコーポレートガバナンス・コード、戦略人事、サステナブル人事の重要性を強調したところで、それが実際に現場で重視されている企業理念と食い違うものであれば、絵に描いた餅になってしまうだろう。

カゴメの企業理念は「感謝」「自然」「開かれた企業」の3つである。お客様、個人株主などを重視するという、より社会に開かれた企業という位置づけを明確化するためである。こうしたカゴメの理念は「会社は誰のものかといえば株主だが、会社が誰のためのものかといえば、お客様、従業員、株主のもの」という言葉に象徴される[36]。

つまりカゴメでは、もともと多様なステークホルダーを重視しつつ、それによって経営的な基盤を確立しようという考え方が根付いていたと考えられる。そのため、戦略人事とサステナブル人事の高度な両立を目指すという改革の方向性を受け入れやすい環境が存在していたのであろう。人事改革にあたって有沢氏の提示した課題は大きなものであったが、企業の理念と合致した方向性であるからこそ、経営と社員からの共感が生まれたという背景も見逃せないだろう。

下部のつながり

要素のつながりの下部においては、ＨＲビジネスパートナーが戦略人事とサステナブル人事を促進する。これは前節で述べたように、ＨＲビジネスパートナーが経営と社員を連結する仕組みになっているからである。上部においては、理念的にコーポレートガバナンス・コードが戦略人事とサステナブル人事の意義を明らかにする。これに対し下部の実際の運用では、ＨＲビジネスパートナーが戦略人事とサステナブル人事の間に生じる葛藤や齟齬を、経営と社員の意を汲みつつ調整するのである。

この際、重要なことは、ＨＲビジネスパートナーが孤立した存在ではないということだ。ＨＲビジネスパートナーは経営、ＣＨＲＯと三位一体で連携を取りつつ、戦略人事とサステナブル人事の実現に働きかけることになる。

全体像のまとめ

要素のつながりの、上部、中間の環境条件、下部について述べてきた。この3つの構造自体も独立して存在しているわけではない。それぞれの構造自体が、人事改革の進展とともに相互作用しあい、他の構造に影響し変化を促す。そのように3つの構造がうまく連携する状態があってこそ、人事改革の持続性が担保されるといえるだろう。

3　人的資本経営につながる人事改革の原則とＣＨＲＯの役割

本書では、有沢氏とカゴメのＷｈａｔとＷｈｙの原則を明らかにし、戦略人事とサステナブル人事を両立し人的資本経営を実現するＣＨＲＯを、多くの企業で再現可能な姿として示すことを目的としていた。それによって、人的資本経営を実現する具体的な道筋が見えてくるのではないかと考えた。

戦略人事とサステナブル人事を両立し人的資本経営を実現する人事改革の原則を一言で表現すれば、やはりＣＨＲＯがその役割を発揮してこそ成し遂げられる、ということだろう。もちろん、カゴメの人事改革は有沢氏ひとりで成し遂げられたものではない。環境条件でも述べたとおり、カゴメの企業理念は戦略人事とサステナブル人事の高度な両立に整合したものであった。また、経営陣は改革を本気で後押しした。実際の改革の担い手は社員であるし、それを支援するＨＲビジネスパートナーの役割も見逃せない。

しかし、有沢氏というＣＨＲＯが役割を果たさずに人事改革が成立したかといえば、それは難しかっただろう。図8－1の人事改革のプロセスは、やはりＣＨＲＯの存在と役割なくしては進んでいかないものだろう。人材版伊藤レポートでは、ＣＨＲＯこそが経営陣においてリーダーシップを発揮する存在とされてきた。図8－1と図8－2によって、人材版伊藤レポートが示すＣＨＲＯのリーダーシップは幻ではないこと、多くの企業でも再現可能な具体像が存在することを示すことができたのではないだろうか。

課題の本質は、戦略人事の根幹である経営戦略と、サステナブル人事の根幹である社員を個として尊重しその生き方をより良いものにする方策が分断されてはいけないということである。この両方の役割を果たすことによって、ＣＨＲＯは唯一無二の存在になる。そして、この両方の役割を果たすために、ＣＨＲＯは経営と社員と徹底に対話し、だからこそ現場の課題を特定できる。ＣＨＲＯが経営と社員の両方に価値を発揮する役割を担うことができれば、戦略人事とサステナブル人事の高度な両立による人的資本経営を実現することができるだろう。

本書では、カゴメの人事改革を題材に、戦略人事とサステナブル人事の高度な両立による人的資本経営と、それにつながる人事改革はきれいごとの幻ではないことを示した。本書が多くの日本企業で戦略人事とサステナブル人事の高度な両立が実現していく、ほんの一助にでもなれば、望外の幸せである。

おわりに

著者を代表して石山があとがきを担当させていただきたい。

本書はもともと人事改革の本質に焦点を定め、執筆されたものだ。しかしあらためて内容を振り返ってみると、昭和、平成、令和という時代の変遷に翻弄されながらも、企業という場で懸命に生き抜いた個人の物語にもなっているようにも思える。バブルの絶頂期とその崩壊を経て、その後長く続いた低迷期、それでも多くの個人は懸命に生きてきた。

銀行という組織におおいなる愛着を感じ、不良債権の処理、経営統合など多くの試練を乗り越え、それでも強い絆を持つ仲間の早期退職の施策を担当し、自身もその銀行を辞めざるを得なかった有沢氏の心情は察するに余りある。その後、有沢氏は外資系企業、日本企業で活躍を続け、それがカゴメの人事改革に結実していく。これは有沢氏の歴史ではあるが、同時代を生きた多くの人々にも、同様に時代に翻弄され、それでも生き抜いた個人の歴史があるのではないだろうか。

取材協力を石山研究室で学んだ谷口ちさ氏と北川佳寿美氏にお願いした。本書の構成に大きく貢献したのはこの両名であり、また対談においては独自の視点で人事改革の本質を掘り下げていただいた。谷口氏と北川氏の本書への大いなる貢献を記して感謝したい。

実は本書の打ち合せに、中央経済社の山本継社長にも長時間同席いただいた。おそらく山本社長も、昭和、平成、令和を駆け抜けた有沢氏の個人の歴史に魅了され、思わず長時間同席されたように感じられた。

そして、本書を世に問うことができたのは、中央経済社学術書編集部編集長の市田由紀子氏の存在あってこそ、である。市田氏は常日頃、編集者として、一般には分かりにくい学術的な概念を、出版という形によって世の中に分かりやすく伝えることを自身のミッションとされているそうである。そんな市田氏がある日注目したのは、著者2名、有沢氏と石山の人事改革に関する講演での対談だった。その対談を聞き、市田氏としてはその内容は出版によって世の中に分かりやすく伝えることに値するものだと考えてくださったのだ。市田氏の熱心な勧めを著者2名はありがたく受け止め、本書が誕生した。生みの親である市田氏に感謝したい。

筆者自身、有沢氏とほぼ同時代にキャリアを積んできた。こうした苦しくも魅力的な時代を懸命に生きてきた多くの個人の歴史の集積が、戦略人事とサステナブル人事の実現という新しい企業の姿につながっていくのではないか、という感慨とともに本書を締めくくりたい。

2022年7月　オンライン授業と在宅勤務が続く神奈川県の自宅にて

著者を代表して　**石山恒貴**

［注］

1　経済産業省「持続的な企業価値の向上と人的資本に関する研究会 報告書 ～人材版伊藤レポート～」
https://www.meti.go.jp/shingikai/economy/kigyo_kachi_kojo/20200930_report.html

2　株式会社東京証券取引所ホームページ
https://www.jpx.co.jp/news/1020/nlsgeu000005ln9r-att/nlsgeu000005lne9.pdf

3　国際標準化機構ホームページ　https://www.iso.org/standard/69338.html

4　エドワード・P・ラジアー（樋口美雄・清家篤訳）（1998）『人事と組織の経済学』日本経済新聞社、1頁

5　デーブ・ウルリヒ、ウェイン・ブロックバンク（伊藤武志訳）（2008）『人事が生み出す会社の価値』日経BP社、33頁

6　エドワード・P・ラジアー（樋口美雄・清家篤訳）（1988）『人事と組織の経済学』日本経済新聞社、1頁

7　トーマス・フリードマン（伏見威蕃訳）（2018）『遅刻してくれてありがとう』日本経済新聞出版社

8　広井良典（2019）『人口減少社会のデザイン』東洋経済新報社

9　日本経済新聞2020年5月28日朝刊

10　日本経済新聞2020年4月8日朝刊「私見卓見」における世界経済フォーラム会長クラウス・シュワブ氏の認識

11　クラウス・シュワブ、ティエリ・マルレ（藤田正美・チャールズ清水・安納令奈訳）（2020）『グレート・リセット　ダボス会議で語られるアフターコロナの世界』日経ナショナルジオグラフィック社

12　イヴォン・シュイナード（井口耕二訳）（2017）『社員をサーフィンに行かせよう』東洋経済新報社

13　経済産業省「人的資本経営の実現に向けた検討会報告書（人材版伊藤レポート2.0）」

https://www.meti.go.jp/press/2022/05/20220513001/20220513001.html

14 日本経済新聞２０２２年５月14日朝刊

15 株式会社東京証券取引所ホームページ
https://www.jpx.co.jp/equities/listing/cg/index.html

16 小林裕（２０１４）「戦略的人的資源管理論の現状と課題」『東北学院大学教養学部論集』No.167, pp.63-75.

17 Barney, J.（1991）"Firm resources and sustained competitive advantage." *Journal of management*, 17(1), 99-120.

18 Kaufman, B.E.（2010）"SHRM theory in the post-Huslid era: Why it is fundamentally misspecified." *Industrial Relations*, 49(2), 286-313.

19 Ehnert, I.（2009）*Sustainable human resource management: A conceptual model and explanatory analysis from a paradox perspective. Contribution to management science.* Heidelberg: Springer - Verlag.

20 末永國紀（２００５）「近江商人の経営理念について―「三方よし」とＣＳＲ」『同志社商学』Vol.56, No.5-6, pp.73-84.

21 日本経済新聞２０１７年５月26日朝刊

22 島津明人（２０１４）『ワーク・エンゲイジメント―ポジティブメンタルヘルスで活力ある毎日を』労働調査会　および Shimazu, A., Schaufeli, W. B., Miyanaka, D., and Iwata, N.（2010）"Why Japanese workers show low work engagement: An item response theory analysis of the Utrecht Work Engagement scale," *BioPsychoSocial Medicine*, 4(1), 17.

23 田崎勝也・申知元（２０１７）「日本人の回答バイアス―レスポンス・スタイルの種別間・文化間比較」『心理学研究』Vol.88, No.1, pp.32-42.

24 増田真也・坂上貴之（２０１４）「調査の回答における中間選択」『心理学評論』Vol.57,No.4, pp.472-494.

25 日本経済新聞２０１７年5月26日朝刊

26 島津明人（２０１４）『ワーク・エンゲイジメント―ポジティブメンタルヘルスで活力ある毎日を』労働調査会 およびShimazu, A., Schaufeli, W. B., Miyanaka, D., and Iwata, N. (2010) "Why Japanese workers show low work engagement: An item response theory analysis of the Utrecht Work Engagement scale," *BioPsychoSocial Medicine*, 4(1), 17.

27 三木田尚美.（２０１９）「「三方よし」の類型化―新聞記事データを基にした内容分析」『消費者政策研究』01, 68-79.

28 仙台市ホームページ「仙台「四方よし」企業大賞制度について」https://www.city.sendai.jp/kezai-chose/kurashi/machi/kezaikoyo/koyo/hyousyou/002.html

29 藻谷ゆかり（２０２１）『六方よし経営』日経ＢＰ社

30 末永國紀（２０１７）『近江商人学入門 改訂版―ＣＳＲの源流 三方よし』サンライズ出版

31 香川秀太（２０２０）「コロナバインドから社会変革へ―欧米中心主義的な自然科学・資本主義を超えて」『所報協同の発見』No.331, pp.24-31.

32 権藤恭之・中川威・石岡良子（２０１７）「老いと闘うか？ 老いと共生するか？―こころのアンチエイジングはありうるのか」『医学のあゆみ』Vol. 261, No.6, pp.668-672.

33 デイブ・ウルリッチ、ウェイン・ブロックバンク、ダニ・ジョンソン、カート・スタンドホルツ、ジョン・ヤンガー（中島豊訳）（２０１３）『人事コンピテンシー』生産性出版

34 ジェフリー・フェファー（佐藤洋一訳）（２０１０）『人材を活かす企業』翔泳社

35 日本の人事部ホームページ「ＨＲカンファレンス２０２０春イベントレポート―これからの働き方と人事労務改革」https://jinjibu.jp/hr-conference/report/r202005/report.php?sid=1862

36　高浦康有（2019）「会社とは誰のものか―カゴメのファン株主拡大戦略」東北大学経営グループ『ケースに学ぶ経営学　第3版』有斐閣、pp.32-54.

[参考文献]

Barney, J.（1991）"Firm resources and sustained competitive advantage." *Journal of management*, 17(1), 99-120.

イヴォン・シュイナード（井口耕二訳）（２０１７）『社員をサーフィンに行かせよう』東洋経済新報社

Ehnert, I.（2009）*Sustainable human resource management: A conceptual model and explanatory analysis from a paradox perspective. Contribution to management science.* Heidelberg: Springer - Verlag.

トーマス・フリードマン（伏見威蕃訳）（２０１８）『遅刻してくれてありがとう』日本経済新聞出版社

Kaufman, B.E.（2010）"SHRM theory in the post-Huslid era: Why it is fundamentally mis specified," *Industrial Relations*, 49(2), 286-313.

ジェフリー・フェファー（佐藤洋一訳）（２０１０）『人材を活かす企業』翔泳社

エドワード・P・ラジアー（樋口美雄・清家篤訳）（１９８８）『人事と組織の経済学』日本経済新聞社

クラウス・シュワブ、ティエリ・マルレ（藤田正美・チャールズ清水・安納令奈訳）（２０２０）『グレート・リセット　ダボス会議で語られるアフターコロナの世界』日経ナショナルジオグラフィック社

Shimazu, A., Schaufeli, W. B., Miyanaka, D., and Iwata, N（2010）"Why Japanese workers show low work engagement: An item response theory analysis of the Utrecht Work Engagement scale," *BioPsychoSocial Medicine*, 4(1), 17.

デーブ・ウルリヒ、ウェイン・ブロックバンク（伊藤武志訳）（２００８）『人事が生み出す会社の価値』日経ＢＰ社

デイブ・ウルリッチ、ウェイン・ブロックバンク、ダニ・ジョンソン、カート・スタンドホルツ、ジョン・ヤンガー（中島豊訳）（２０１３）『人事コンピテンシー』生産性出版

内ヶ崎茂（２０２０）「経営者報酬ガバナンスの進化・深化にむけて」『マネジメントトレンド』Vol.25, pp.107-

121.
香川秀太（２０２０）「コロナバインドから社会変革へ―欧米中心主義的な自然科学・資本主義を超えて」『所報協同の発見』No.331, pp.24-31.
経済産業省（２０２０）「持続的な企業価値の向上と人的資本に関する研究会 報告書 ～人材版伊藤レポート～」
小林裕（２０１４）「戦略的人的資源管理論の現状と課題」『東北学院大学教養学部論集』No.167, pp.63-75.
権藤恭之・中川威・石岡良子（２０１７）「老いと闘うか？ 老いと共生するか？―こころのアンチエイジングはありうるのか」『医学のあゆみ』Vol. 261, No.6, pp.668-672.
島津明人（２０１４）『ワーク・エンゲイジメント―ポジティブメンタルヘルスで活力ある毎日を』労働調査会.
末永國紀（２００５）「近江商人の経営理念について―「三方よし」とＣＳＲ」『同志社商学』Vol.56, No.5-6, pp.73-84.
末永國紀（２０１７）『近江商人学入門 改訂版―ＣＳＲの源流 三方よし』サンライズ出版
高浦康有（２０１９）「会社とは誰のものか―カゴメのファン株主拡大戦略」東北大学経営グループ『ケースに学ぶ経営学 第３版』有斐閣、pp.32-54.
田崎勝也・申知元（２０１７）「日本人の回答バイアス―レスポンス・スタイルの種別間・文化間比較」『心理学研究』Vol.88, No.1, pp.32-42.
広井良典（２０１９）『人口減少社会のデザイン』東洋経済新報社
増田真也・坂上貴之（２０１４）「調査の回答における中間選択」『心理学評論』Vol.57, No.4, pp.472-494.
三木田尚美.（２０１９）「「三方よし」の類型化―新聞記事データを基にした内容分析」『消費者政策研究』Vol.1, pp.68-79.
藻谷ゆかり（２０２１）『六方よし経営』日経ＢＰ社

[取材・編集協力]

谷口　ちさ（たにぐち　ちさ）

NPO法人いろどりキャリア理事、ミューチュアルラボ代表。

主な資格は国家資格キャリアコンサルタント、Points of You® Master、日本エニアグラム学会認定ファシリテーター。人事経験と研究知見を生かし、対話を中心としたワークショップ開発などを通じて企業の人材開発をサポートしている。

著書に、『地域とゆるくつながろう―サードプレイスと関係人口の時代』（共著、静岡新聞社）。

趣味・特技：大皿料理でホームパーティ（故郷・高知の「おきゃく（宴会）」が大好き。

北川　佳寿美（きたがわ　かずみ）

国家資格キャリアコンサルタント、精神保健福祉士。

福岡大学人文学部卒業、法政大学大学院キャリアデザイン学研究科修士、政策創造研究科研究生修了。専門はキャリアデザイン（キャリア開発、キャリアカウンセリング）、産業心理臨床、メンタルヘルス。

著書に、『地域とゆるくつながろう―サードプレイスと関係人口の時代』（共著、静岡新聞社）。

趣味・特技：愛犬との念入りな散歩、フルート（腕前は素人愛好家）。

［著者紹介］

有沢　正人（ありさわ　まさと）

［2～6章］

カゴメ株式会社　常務執行役員CHO（最高人事責任者）。
慶應義塾大学商学部卒業後、1984年に協和銀行（現りそな銀行）に入行。銀行派遣にて米国でMBAを取得後、主に人事、経営企画に携わる。2004年に日系精密機器メーカーであるHOYA株式会社に入社。人事担当ディレクターとして全世界のグループ人事を統括、全世界共通の職務等級制度や評価制度の導入を行う。2008年に外資系保険会社であるAIU保険会社に人事担当執行役員として入社。ニューヨーク本社とともに、日本独自のジョブグレーディング制度や評価制度を構築する。2012年1月、カゴメ株式会社に特別顧問として入社。カゴメの人事面におけるグローバル化の統括責任者となり、全世界共通の人事制度の構築を行っている。2012年10月執行役員人事部長、2017年10月執行役員CHO就任。2018年4月、常務執行役員CHO（最高人事責任者）に就任。
趣味：音楽鑑賞（特にプログレッシブ・ロック）、ドラマ・アニメ鑑賞、熱烈な阪神ファン（ドラマは深夜を含めて全部、アニメも深夜も含めてほぼ全部見ています）。

石山　恒貴（いしやま　のぶたか）

［はじめに，1，7，8章，2章～8章冒頭の本書の概要とねらい，おわりに］

法政大学大学院政策創造研究科教授。

一橋大学社会学部卒業。産業能率大学大学院経営情報学研究科修士課程修了、法政大学大学院政策創造研究科博士後期課程修了。博士（政策学）。NEC、GE、米系ライフサイエンス会社を経て、現職。主な受賞として、経営行動科学学会優秀研究賞（JAASアワード）、人材育成学会論文賞、HRアワード（書籍部門）入賞など。

著書に、『日本企業のタレントマネジメント』（中央経済社）、『時間と場所を選ばないパラレルキャリアを始めよう！』（ダイヤモンド社）、『越境学習入門』（共著、日本能率協会マネジメントセンター）など。

趣味・特技：飲み会の幹事をすること、アニメと聖地巡礼、テニス。

カゴメの人事改革
──戦略人事とサステナブル人事による人的資本経営

2022年10月1日　第1版第1刷発行
2023年6月5日　第1版第3刷発行

著者　有沢正人
　　　石山恒貴
発行者　山本継
発行所　㈱中央経済社
発売元　㈱中央経済グループパブリッシング

〒101-0051　東京都千代田区神田神保町1-35
電話　03（3293）3371（編集代表）
　　　03（3293）3381（営業代表）
https://www.chuokeizai.co.jp
印刷／㈱堀内印刷所
製本／㈲井上製本所

ISBN978-4-502-43351-1　C3034